JN001056

勉強とメンタルの悩みを解決！

【決定版】

中学受験をするきみへ

安浪京子

大和書房

もしかして
悩んでる？
○○模試

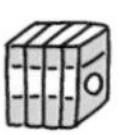

はじめに

こんにちは。

私はプロ家庭教師として20年以上、算数を教えています。

だから、いろいろな子たちを見てきました。住む地域も家族構成も、中学受験のきっかけも通っている塾も、クラスも志望校も本当にさまざま。

でも、多くの子に共通しているのはこの2つ。

①それほど好きで勉強しているわけじゃないこと。

そして、

②とにかく忙しいこと。

この本は、そんながんばっているきみのことを思って書きました。

……え？　そんなにがんばってないって？

だって、そもそも小学校って大変でしょ。毎日何時間も授業があるし、行事や活動も、楽しいだけじゃなくて面倒くさいことがたくさんある。

そして何より大変なのが人間関係！　先生とも、クラスメイトとも、友達とも……!!

だから学校から帰ってきたら、解放感にひたって好きなことをしたいのに、それから塾に行ったり、勉強したり……。

ほら、きみはめちゃくちゃがんばっているじゃない！

スゴイぞ！　エライぞ!!

でも、自分なりにがんばってはいるけれど、思うようにいかないことってたくさんあるよね。

そんなときにこの本が、ちょっとしたヒントになったり、心のビタミン剤になったらいいな、と思います。

中学受験生の親御さんへ

私は家庭教師としてご家庭にうかがい、お子さんに算数の指導をします。

また、指導前後は親御さんといろいろお話しします。そのときに親御さんから聞く話と、子ども本人から聞く話が一致した試しがありません。


「昨日〝これだけ勉強する〟と約束したのに、私が帰ってきたら遊びに行ってて家にいなくて」

「遊んでないじゃん！　友達の家で勉強してただけじゃん！」

「だって、〇〇も××も全然終わってなかったじゃない！」

「〇〇と××のテキストがどこにあるかわからなかったんだもん！　でも△△はやったじゃん！」


……どちらの言い分もわかります。

そんなとき、お子さん、親御さんそれぞれにアドバイスする内容も異なります。なぜなら、同じ景色でも、それぞれ見方が異なるからです。そして、その景色を「こんな見方もある」「こう見てはどう（でしょう）？」と話しながら歩み寄ってもらう、そのお手伝いが私の仕事です。

「図や式はちゃんと書くべし」

と正論を双方に言ったところで、何の解決方法にもなりません。

この本は、私が指導に入る中でよくいただくご相談に対し、

「実際に子どもに指導していること・子どもと話していること」

「指導前後で親御さんに説明していること・こっそりメールなどでお願いしていること」

で、サンドイッチ回答しています。

ぜひ、子ども向けページも読んでいただき、お子さんの気持ちと立場にも思いを馳せていただけますと嬉しいです。

もちろん、お子さんもこっそり親向けページを読むでしょう。「わが子を想う親心」を知ってもらうお手伝いもできましたら嬉しい限りです。

【決定版】中学受験をするきみへ　もくじ

第1部　勉強の悩み

第2部●メンタルの悩み

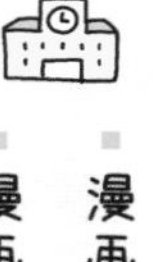

第1部
勉強の悩み

偏差値が低いから、受験する意味がないですか？

どうして自分のことをそんなふうに思うのかな？

……と聞いてはみたけれど——わかるよ、その気持ち。

勉強していないわけじゃない。むしろ、他の子よりたくさんやっているかもしれない。このページはもう何度も繰り返し覚えた。なのに、テストになるとできない、間違える、点数が取れない——そして思うんだよね、「どうせやっても偏差値低いままだし」「どうせバカだからやってもムダじゃないか」って。

たしかに、授業を聞かなくても、宿題をあんまりやらなくても、あるいは暗記プリントを1回読んだだけでも、テストで点数が取れる子はいます。

中学受験は入試で点数が取れた子から合格していくし、塾は「灘」「開成」「桜蔭」

といった最難関校の合格人数を華々しく公開します。

じゃあ、ものすごくたくさんの小学生を指導してきた私が、印象に残っている子、尊敬している子ってどんな子かわかるかな？

それは〝最難関校に合格した勉強のできる子〟たちでは、ない。

志望校がどこであろうと、必死にもがいて成長してきた子たちです。

合格・不合格も、関係ない。

中学受験の勉強は、努力が点数や合格としてすぐに報われる世界ではありません。

それでも、やるべきことにコツコツと取り組んだ子は、必ず人として成長します。

すぐに報われるわけじゃないから、ものす

ごく苦しいし、出口が見えない気もするよね。

でもね、私は知っているの。「自分はバカだから……」とつらい思いをしても、自分を嫌いになっても、ふてくされても、そっと涙をふいて鉛筆を握っていた子たちは、中学受験期間中で身につけた「努力する」という才能が少しずつ花開いていくことを。

そして、中学、高校に入って勉強が次第に楽しくなって、みんな本当にキラキラしています。

中学受験の勉強は、テストで点数を取るためにあるんじゃない、成長するためにあるんだよ。

中学受験は努力が必ずしも報われるわけではない。
でも努力したぶん、必ず成長できる。
中学受験はそのためにあるんだよ。

「自分はバカだから……」と繰り返し言う子の親御さんへ

この本の前身となる『中学受験にチャレンジするきみへ』を教え子たちにプレゼントしたとき。ある子が、

「**バカだから、どうせムリと思います**」

のページを真っ先に開いたのを見て、胸が潰れそうになりました。

彼は塾で下位クラス在籍。志望校は難関校で、ご両親が徹底的に勉強をサポートされ、私の算数以外にも家庭教師がついていました。

もちろん、小学校での成績は上位ですが、塾では社会以外で偏差値がなかなか50を上回らず、志望校の判定も厳しいものが続いていました。たしかに、打てば響くタイプではなく、一を聞いて十を知るタイプでもないですが、それでも真面目にコツコツ取り組む才能を持っており、少しずつ解ける問題が増え、確実に成長を感じていた6年秋の出来事でした。

カウンセリングでは、

「ウチの子はバカだから、他人様以上にやらないとダメなんです」

「これだけやってもこの程度だからこそ、高校受験はムリなんです」

と、子どもの前で話される親御さんもいらっしゃいます。

隣でヘラヘラ笑う子どもを見て、

「あなたの話なのよ、ちゃんと聞いてるの！」

とさらにダメ押し。

ヘラヘラするしかない子どもの気持ち、わかりますでしょうか――。

でも、実際に指導をする中で「この子バカだな」と思ったことは一度もありません。

きれいごとではなく、本当にみんな、良いところを持っています。

そして私にそれが見えるのは、他の子と比べず、その子だけを見ているからです。

〝中学受験〟は特殊な競技です。

テストや塾のクラスでわかるのは、小学生という限られた期間内に実施される競技において優位かどうか、という点のみ。

中学受験をアサガオにたとえるとわかりやすいかもしれません。夏休み、子どもが小学校から持ち帰ってきたアサガオの鉢は、同じ株でも早く咲く花もあれば、遅く咲く花もありました。でも、開花の早い遅いに関係なく、どの花も美しいですよね。中学受験は「早く咲いた花」だけを評価しがちな世界です。

中学受験は本来、成長するためにあります。「バカ」という刷りこみで自己肯定感が下がり続けるような受験にはしてほしくないと切に願います。

POINT

中学受験は、期間限定の特殊な競技。

計算が苦手な自分、まず何すればいいですか？

「もっと正確に解きなさい」
「もっと速く解きなさい」
なんて言われると、カチンとくるよね。わざと間違えようなんて思ってないし、多分合ってるだろうと思って答えを書いているし、もっと速く解いてしまいたいに決まってる。

テストのたびに最初の計算を落としたり、解き方がわかっているのに計算ミスで×にされたり……そのたびに「単なる計算ミスだし」と自分を納得させようとする気持ちもわかる。

でも、算数って、文章題であれ図形であれ、すべて計算が必要なんだよね。

だから、**やっぱり計算は「正確に」「それなりのスピードで」**解けるようになりたい。ある日、突然そうはならないけれど、**近づくための確実な道ならある**んだよ。

①曖昧(あいまい)な計算方法をしっかり確認する

塾では「計算の解き方」を教えてくれません。4年生のときに「小数」と「分数」の＋－×÷を授業で1、2回扱(あつか)う程度で、そのあと宿題で出される〝小数や分数の混じった長い計算〟や〝□の入った計算〟の解き方は、教えてもらう機会がなかったでしょ？　だから、解き方があやふやな子が、実はとても多いし、それはきみのせいではないんです。

だから、**計算は「おうちの人の力」を借りるべし！**

計算に取り組むときは、おうちの人に隣に座ってもらって、解いているところ（解いた後じゃないよ！）を見てもらおう。

「そこはカッコから先に解くんだよ」

「小数は分数に直さないと」

チームワークで打開！

など、いろいろアドバイスをもらえるはず。ここで「自分はこう計算したい！」と我(が)を通すのではなく、アドバイスに素直に耳を傾けることも大切です。

②毎日の計算は、雑な10問より丁寧(ていねい)な2問！

計算力は、我流でがむしゃらに解いてもアップしません。塾から毎日10問の計算が出されていても、雑に解いて半分以上が×ならば時間の無駄。

そういうときは、**1日2問でいいから、「絶対に正解させるぞ！」という気持ちで丁寧にきちんと解くこと。**

スピードは意識せず、「正解させる」ほうに注力しよう。スピードアップは正確に解けるようになってからです。

計算方法が合っているか、おうちの人に確認してもらおう。正確に解けるようになってからスピードを求めよう。

計算が苦手な子の親御さんへ

塾では計算の解き方を教えてもらえません。よって、計算力は家庭で磨くしかありません。

「もっと速く、正確に解きなさい！」という漠然とした声かけではなく、次の点に注意して家庭で取り組んでみてください。その際、親が隣について、子どもが計算を解く手元を見てみましょう。

なぜわが子が計算ミスをするのか、遅いのかという理由がよくわかると思います。

①基本的な計算が身についていない

「繰り上がりの足し算」「繰り下がりの引き算」「九九」は計算の基本です。中学受験では、小学校で習う〝さくらんぼ計算〟をいちいち使わずに、瞬時に答える必要があります。

取り組み方はこちらを参照してみてください（「アエラウィズキッズ／算数の教え方」で検索）。

▼https://publications.asahi.com/kids/movie/

②演習量が足りていない

やみくもに計算問題集をやり散らかすのではなく、わが子の計算の弱点を分解し、その部分を徹底的に量で攻略します。

たとえば、「帯分数の割り算」が苦手ならば、体にしみこむまで一定期間ずっと取り組ませます。とはいえ、子どもは一定期間解かないと計算手法はすぐ忘れるということも念頭に置いておいてください。

③雑すぎて何の計算をしているかわからない

字が雑で、途中式を書いていないのは、「計算ミスしたい」と言っているようなもの。計算過程をきちんと書けない子に、他の分野の式が書けるわけがありません。式を書く重要性については26ページを参考にしてみてください。

④解きっぱなしで見直しをしていない

間違えた計算問題は、全部消して解き直すのではなく、必ず「どこを間違えたのか」を本人に探させましょう。とはいっても、小学生はこの作業をことのほか嫌がります。

そこで、親子で**「どちらが先に間違えた場所を見つけるかヨーイドン！」**とゲーム感覚を取り入れるのをおすすめします。

一緒に見直しをしていくと、お子さんのミスしやすいポイントが見えてきます。それらをノートに書きとめていけば「計算お宝ノート」になりますよ。

POINT

計算力は家庭で磨くしかありません。隣に張りついて子どもの手元を見ると、意外なつまずきポイントに気が付くはずです。

途中式を書きたくないんです

「算数は式を書かないとダメ」って言われたこと、ないかな。
そもそも、なぜ式を書かないとダメなんだろう？
もしきみが式を書いていないのならば、書かないのかな？　書けないのかな？　両方かな？

受験算数は、学年が上がるほど、難しくなるほど、図や式を書かないと解けない問題が増えてきます。**今は書かずに解いて正解できても、書かない子たちは6年生になって、たいてい成績が下がっていきます。**

「自分はそうならないから大丈夫」って思いたいよね。でも、残念ながら本当にみんなそうなります。そうなりました。

さらに、今は中学入試だけでなく、大学入試をはじめ、さまざまな場面で「考え方や式」を書かせる機会がどんどん増えています。

なぜなら、今の世の中は単なる正解だけでなく、「どう考えたのか」「なぜそう考えたのか」ということを、ほかの人に伝える力が必要とされているからです。

だから入試では、答えが間違っていても、「この考え方はここまで納得できるな」という場合は部分点がもらえます。

学校はそこを見ているよ

逆に、答えは合っているけれど式を書いていなかったら……カンニング答案とみなされて、不合格になっちゃう。

だから、今から志望校の採点官に伝わる書き方をしよう！

また、そもそも解き方そのものがわかっていなくて、何となくフワッと解いているケースも多いな、といろいろな子を見ていて感じます。

算数はとってもありがたいことに、「線分図／面積図／表」といった視覚化の方法や型がたくさんあります。これらも式の書き方もテキストを見れば必ず載っています。

まずはその「型」を自分に取りこもう。型がないのに、式は書けません。

「図や式を書くなんてメンドクサイ」という気持ちがなくなる頃、算数はきっと得点源になっているはずです。

算数の式は入試の点数に直結する！
書き方がわからなければ、板書やテキストの真似(まね)をしよう。

途中式を書かない子の親御さんへ

お子さんは式を書いていますか？

「何度言っても書かないんです……」という嘆きがドッと押し寄せてきそうです。

さて、算数の先生には二種類います。「式は不要派」と「式は必須派」。前者は天才だと思ってください。つまり、指導者、教育者ではありません。

日本一算数が難しいと言われる灘中。大手進学塾で灘中コースを長年担当されている先生に、あえて式の是非を問うてみたことがあります。灘中コースには算数オリンピック金メダル者もゴロゴロいますが、**「式は必ず書け、と指導しています。そもそも、書かないと解けません」**と即答でした。

「でも、書かなくても金メダルを獲ったり、灘中に合格する子もいますよね？」と食い下がってみたところ、「たしかにそういう生徒もいます。でも彼らは天才で、少数派だから何の参考にもなりません。さらに言うなら、**算数はそれで解けても数学は書かないと解けない。だから、書かない子たちは数学で失速していきます**」と。

子どもに式の必要性を自覚させるには、過去問の解答用紙を見せるのが非常に有効です。『四谷大塚　過去問』で検索すると、私立中学の入試問題と解答用紙が見られます。

この中でおすすめなのが「開成／麻布／鷗友」、そして「巣鴨／大妻」です。

「開成／麻布／鷗友」は問題用紙と解答用紙が一体型になっており、表紙に「考え方も書くこと」と明記されています。

「巣鴨／大妻」は解答用紙の狭い枠内に考え方や式を書く必要があります。塾の模試は採点の都合上「回答のみ」が主流ですが、実際の入試問題はそうでない学校もあるということが、子どもにも視覚的にわかります。

さらに「書き方がわからない」という理由も実は非常に多いのです。その場合は、塾の授業の板書を必ず書き写してこさせましょう。子どもたちは「先生は、解説するために式を書いている」と思っていますが、われわれ指導者が実際に解くときも、きちんと図や式を書いて解きます。

先生やテキストが示す型を「なぜこう書いているのだろう?」と考えながら、そして理解しながら写すことによって、「書く型」が次第に身につきます。

とはいえ、速いスピードで進む授業中に「考えながら」「書き写す」を同時に進めるのは至難の技。手順につまずいたら授業動画を活用しましょう。私も**全単元の解説動画を無料公開**しています。『はじめまして受験算数』で検索してみてください。

POINT

入試本番の解答用紙を見せると、子どもに「書かなきゃ」という気持ちを抱かせることができます。

図形がとにかく苦手です

図形は一番「好き／嫌い」が分かれる分野だけど、きみはどちらかな？「センスがないから解けない」とよく聞くけど、図形はセンスじゃないの。正しい勉強の仕方と、演習量を積むことによって「補助線」の引き方が見えてくる、これをセンスだと錯覚(さっかく)しているだけ。

中学受験でしか扱わない分野が多い中、図形は中学、高校もずっとお付き合いが続いていく分野だから、ぜひ図形の正しい取り組み方をマスターしてね。

①自分で図を書く

問題を解くとき、テキストに直接数字を書きこんで解いたりしていないかな？

図形が得意になるための最初の一歩は「自分で図形を書くこと」。図形が苦手な子は、書く手順がグチャグチャで、図全体のバランスも崩れています。書きこみ式プリント教材の塾でも、家で解くときはノートに大きく図を書き写して解こう。小さな図にチマチマ数字を書きこんでも、正解にたどりつけないよ。

②各テクニックをきちんと押さえる

図形は1つひとつ土台を積み上げる分野です。底辺比と相似比の区別がついていない状態で面積比の問題は解けません。図形は名前のついているテクニックが多いので、テクニック名を言われたときに「ああ、あれね」とわかるよう、意識しよう。

のびのび書くと、のびのび解ける

③問題は方針を立ててから取り組む

問題をいきなり解こうとして手が止まっていないかな？　複雑な図形であればあるほど、全体を眺めて、何を求めればどこが求まるのか、ざっくりと方針を立ててから解こう。

④何通りもの解き方を考える

図形は、解法が何通りも存在します。先生やテキストの解説以外の解き方を自分で見つけるよう意識してみて。最初は大変だけど、繰り返すうちにものすごく力がつきます。私も宿題でよく「2通り以上で解くこと」と指示します。

正しく図形を書けるかどうかが、第一歩。
テキストに書きこまず、
必ずノートに大きく図を書き写してから解こう！

図形が苦手な子の親御さんへ

図形は、中高の数学にも続く分野なので、ぜひ苦手意識を払拭したいところです。図形には「平面」と「立体」がありますが、立体図形のベースは平面図形となります。

平面図形は単元ごとにテクニックが存在します。苦手な子は各テクニックが入っていない、あるいはこんがらがっていることが多く、１つひとつのテクニックを切り離して落としこむ必要があります。後にテクニック名を列挙しますので、解法と結びつけて勉強を進めるよう促してあげてください。

また、解く際には、必ず自分の手で図形を書く習慣をつけましょう。子どもはびっくりするような手順で図を書くので、ぜひ書き方を教えてあげてください。図形には解法が多数存在します。面倒でも、１つの問題を何通りもの方法で解くことで、図形の力が盤石になります。

求角

基本：対頂角、同位角、錯覚

テクニック：外角定理、二等辺三角形見つけ、折り返し　など

↓平行マーク（→）、同じ長さの辺（＋）を自分で書きこむ習慣をつけさせましょう。

求積

基本：各種公式（三角形／正方形／長方形／平行四辺形／台形／ひし形）

テクニック：求積3手法（分割／まわりから引く／等積変形）、30度問題　など

↓小学校の教科書の内容をきちんと理解しましょう。

相似

基本：ピラミッド相似、ちょうちょう（砂時計）相似、直角三角形相似

テクニック：ダブルピラミッド、ダブルちょうちょう、反射　など

↓図形のどこに相似形が隠れているか、一緒に探しましょう。

面積比

基本：底辺比、相似比

テクニック：等高図形の面積比、隣辺比、稲妻切り、ベンツ切り、正六角形　など

↓**一気に難易度が上がります。**底辺比と相似比の区別を徹底し、わからなければ塾の先生に質問しましょう。マンツーマンならば、お子さんの理解度に合わせて教えてもらえるはずです。

● **円**

基本：円周の公式、面積の公式、おうぎ形

テクニック：等積変形、正方形と円　など

↓立式した後、**3・14は必ずまとめて最後に計算**しましょう。（2×3.14＋8×3.14＝10×3.14＝31.4）

● **図形の移動**

基本：平行移動、回転移動、転がり移動

テクニック：おうぎ形の転がり、ヒポクラテスの三日月　など

↓正しい図が書けているか確認しましょう。**各図形の頂点が正しい場所を通っているか**は要注意。

POINT

複合図形をがむしゃらに解くのではなく、まずは1つひとつのテクニックを完璧に。図を書き写させ、何通りもの解き方を考えさせましょう。

暗記だけで、なんとかなりませんか？

勉強には、2通りの方法があるって知ってる？
実はこれ、とても大切なことなの。だから今、ここでこっそり教えるよ。
勉強には「覚える（暗記）」ものと「考える（理解）」ものの2種類があります。

●覚える

国語の漢字や語彙（ごい）、理科の生物・地学分野や社会など。「北海道の県庁所在地＝札幌」というのは、決まっているから覚えるしかない。

つまり、考える必要がない問題です。だから、忘れたらまた覚え直す……と繰り返して定着させていきます。

●考える

算数や国語の読解、理科の化学・物理分野など。考えないと答えが出ない問題なので、常に「なぜそうなるのか」を理解して解き、定着させていきます。

「考える」を育てていこう

「考える」勉強は、慣れるまでけっこう大変だし、時間もかかるの。だから勉強をできるだけ早く終わらせたい、でも復習テストで良い点数は取りたい……となると、どうしても手っ取り早い「覚える」勉強法になりがち。だって、わからない問題でも解説をチャチャッと写して解き方や答えを覚えれば、復習テストではそこそこ点数が取れちゃうからね。

でも残念ながら、**「覚える」勉強法ではいつまでたっても算数の力が身につきません。**

算数は、その問題を解くための根本的な意味を理解していないと、少し問題の見た目が変わっただけでお手上げになっちゃう。そもそも、テキストとまったく同じ問題は出ないし、覚えきれる量でもないよね。学年が下のうちは覚える勉強でも何とかなるけれど、その勉強法では5年生以降に成績が急下降していきます。

「今、『覚える勉強法』になっちゃってるかな？」と不安に感じたら、解いた問題を友達やおうちの人に解説してみよう。

うまく説明できなかったり、「どうしてそうなるの？」と聞かれて答えられなかったら、そこは理解できていないところ。つまり、その部分こそが伸びしろだよ！

算数は「覚える」ではなく「考える」科目。
友達やおうちの人に「どう考えたか」を
説明できるような勉強法にしていこう。

「暗記の算数」をやりがちな子の親御さんへ

塾に入ると、テキストや宿題が配られ、授業が始まりますが「勉強の仕方」「ノートの取り方」といった勉強の根幹となる部分は教えてもらえません。

つまり、**子どもたちは勉強の仕方を知らないままに、受験勉強に突入するのです。よって、正しい勉強の仕方を教えてあげる必要があります。**

勉強には「知識を入れる」と「考えて理解する」の2通りがあり、算数は基本的に「考えて理解する」科目です。もちろん、計算ルールや九九、円周率など覚えるものもありますが、それらはツール。算数はそれらのツールを使って、より複雑な問題を考えて解くことになります。

では、算数はどのように取り組めば良いでしょうか。算数で大切なのは、

「理解」した上で「演習」を積む

というプロセスです。

「理解」をすっ飛ばして宿題を何巡もすると、子どもは解き方を暗記してしまいます。そして怖いのが、**5年生の夏前頃までは、暗記でもそれなりに点数が取れてしまう**という点です。これは先のページで子どもたちにも伝えました。

しかし、次第に暗記型勉強では太刀打ちできなくなってきます。その理由は2つ。

● 暗記でしのげるほど単純な内容ではなくなる

↓学年が進むにつれて「割合」「速さ」といった抽象概念を扱うため、根本理解が必要となる。他分野も思考の階層が深まり、手順が複雑化して覚えきれなくなる。

● 何巡もする余裕がなくなる

↓4年生で扱う「量」と「難度」を1とすると、5年生はその2倍、6年生はさらに2倍となり、何巡もする時間的余裕がなくなる。

宿題を何巡もすることが悪いわけではなく、その前に「理解」を経ないことが問題なのです。

「理解」できているか否かは、考え方を子どもに口で説明させることで判断がつきます。

このとき、**「子ども自身の言葉で説明できているか」**がポイント。説明がたどたどしい、適切な算数用語が出てこないのが、小学生らしい説明です。エクセレントな解説は「解説そのものを暗記している」可能性もあります。その場合は、その解説にもっと突っこんだ質問をしてみてください。それでも説明ができるか否かが見極めのポイントです。

POINT

算数は「理解」した上で「演習」を積む科目。暗記型勉強では、必ず頭を打つ。

「成績爆上がりのコツ」ってありますか？

たくさんの受験生を指導していると、「力がついていく子」、「これじゃ伸びない子」に分かれるなぁ、と実感します。その違いはどこにあると思う？

そこで、伸びる子と伸びない子のチェックリストを作ってみました。

伸びる子の特徴

①読める字で書いている
②図や式を書いて解く
③毎日のルーティン（計算など）に取り組んでいる
④塾の板書を元に問題を解く

伸びにくい子の特徴

①字が雑
②図や式を書かない
③毎日のルーティン（計算など）をしない、あるいはときどきしかしない
④板書を取らず、自分流で解く

⑤答えを見る前に自分で考える
⑥答え合わせ・間違い直しをする
⑦間違えた場所を探す習慣がついている
⑧自分がどう解いたかを説明できる
⑨わかったフリをしない
⑩テストで点数を取りたい気持ちが強い

---

⑤すぐに答えを見る
⑥答え合わせ、間違い直しをしない
⑦間違えた問題は一から解き直す
⑧自分がどう解いたか説明できない
⑨わかったフリをする
⑩テストが早く終わることばかり考えている

どちらに何個当てはまったかな（笑）？

もちろん、最初から〝伸びる子の特徴〟に全部当てはまる子なんてめったにいません。というより、正しい勉強の仕方を知らないと、知らずしらず〝伸びにくい子の特徴〟に当てはまる取り組み方をしてしまいがちなんだよね。

4、5年生の間はとにかく字が雑で、何度言っても式も図も書かなかったけれど、6年生になって「これじゃヤバい！」と、読める字で図や式を書くようになった子もたくさんいます。

今からだって大丈夫！

今は〝伸びにくい子の特徴〟に当てはまる項目が何個もあっても、できるところから〝伸びる子の特徴〟に切り替えていけばいいだけのこと。

ぜひ、このチェックリストを机の前に貼って、１つずつ増やしてみてね！

**算数の成績を上げるにはコツがある！
１つずつ〝伸びる子の特徴〟を増やしていこう。**

「成績爆上がりのコツ」を最初に開いた親御さんへ

このタイトルを見て、真っ先にこのページを開かれた方もいらっしゃるのではないでしょうか？　きっとそれは、子どもたちも同じだと思います。

「おわりに」でも書きましたが、学問に王道はありません。中でも受験算数はそれが顕著です。

読書好きでナチュラルに国語の点数を取れる子はいます。歴史好きで、軽やかに歴史の点数を取る子もいます。しかし〝受験算数〟に関しては、日常生活の中で数字や算数に興味を持っていたとしても、素養的に算数が得意であっても、44ページのリストにどこまで泥臭く取り組めるかが、テストの結果を左右します。

子どもに限らず、人は自分が興味のあること以外は、基本的に面倒を嫌います。**44ページのリストの上段はいわば「面倒くさいことリスト」**であり、ここには自分を律する力がかかわってきます。

とはいえ、さまざまな小学生を見ていると、これらを求めるのは正直、酷だなと思うことも多々あります。

でも、そんなこと言っていられないというお気持ちもわかるので、親御さんにできることを挙げてみます。

● **見本を見せる**

● **少しでもできたら思いきり褒める**

● **できたことを常に求めない&求めすぎない**

● **成長を待つ**

これ、よく見ると〝トイレトレーニング〟に似ていませんか?

「トイレではこうやっておしっこをするんだよ」と見本を見せてあげた方もいらっしゃると思います。そのときと同じで、リストの項目を習得していくのもトライ&エラーをくり返しながら少しずつ、一歩ずつ。子どもに「こうしなさい」ではなく、親こそが「地道に」「泥臭く」「根気よく」という気持ちで伴走することが大切です。

リストの内容を無理矢理やらせる「義務」になると、親子ともにつらくなるので、まずは「どれならできそう?」と一緒に選び、それを義務ではなく「習慣化する」。

これこそが、受験算数爆上がりの第一歩です。

「面倒くさいことリスト」は義務化ではなく、習慣化が鍵。

トイレトレーニングと同じく、

親こそが地道に泥臭く根気よく。

がんばってるから

第一志望
決めた
いいね
最近のぼくは
すごく不安
なのにクラス
全然上がれない
行きたいから
点数
上げなきゃ
がんばらなきゃ
にゃ!
算数プリ
行きたいから
……
ちゃんと
休も!

不安になっても

第一志望決めた
いいね
最近の私は
A学園

すごく不安
みんな人間100周目？

できない私は
たぶん人間1周目…

お散歩行く？
だけど進めば

私の足は

こんなとこあったんだ
展望台
どこへでも
行ける

本を読むのが嫌いだと、国語は得意になれない？

本を読むのが大好きで、国語の得意な子がいます。
本を読むのが大好きで、国語の苦手な子もいます。
本を読むのが嫌いで、国語の得意な子がいます。
本を読むのが嫌いで、国語の苦手な子もいます。

つまり、「本を読むこと」と「国語のテストの結果」は、そんなに関係ないの。

もちろん、本好きな子は読むスピードが速いし、いろいろな本を読んでいるから知識も語彙も豊富。そういう意味では、本を読んでおくほうがだんぜん有利。

でも、読書って「自分の好きな本」を「好きに読む」よね。ところが国語のテストでは「自分が興味のない話」だって出てくるし、「それとは何を指すか、3文字で答えよ」みたいにあちこちに問題が仕掛けられている。

きみが男の子でも女子の心情を読み取らせるし、小学生なのに一人暮らししているおじいちゃんの心情を聞かれたりする。

だから、**国語は「〝読解技術〟に沿って読む」必要がある**の。

たとえば、物語文ならば「場面で分ける」「登場人物に○をつける」「心情に線を

引く」など。説明文ならば「テーマに注目する」「論理構造に沿って読む」など。〝読解技術〟を使わずに解くのはいわゆる〝感覚で解いている〟状態。好きな文章のときは点数が取れるけれど、興味がなかったりチンプンカンプンの文章のときはボロボロ……になっちゃうんだよね。

〝読解技術〟は塾のテキストに必ず載っているから、ぜひ確認してみよう。国語の問題は何となく読むんじゃなくて、〝読解技術〟を常に意識しよう。そのことが習慣づけば、中学、高校になっても国語のテストは得点源になります！

本を読むのが好きか嫌いかは、国語の点数に関係ない！
物語文、説明文それぞれの〝読解技術〟を確認しよう。

本を読むのが嫌いな子の親御さんへ

受験国語の中で、桜蔭中学の入試問題は群を抜いて難しいと言われています。しかし、多くの桜蔭生は大変な読書家のため国語ではあまり点差がつきません。よって、国語が苦手な子は桜蔭受験に不利と言われています。

このように、読書習慣のある子は長文に臆することなく、読むスピードも速く、知識も膨大で、さまざまな立場の心情に想いを馳せ、難解な論説文も難なく理解できます。

その一方で、「ウチの子は本好きだけど、国語に苦戦している」という相談も受けます。

なぜ同じように本を読んでいて、国語の得手不得手が分かれるのでしょうか。

東大や京大の理系学部出身者には、読書習慣のない人は少なくありません。彼らは一様に「問題作成者の意図をくみ取るのが国語」と話します。入試の国語で点数を取るために、テクニック（読解技術）を駆使して問題を解きます。

つまり、「本を読むこと」「書くのが好きなこと」と、「国語のテストで点数を取ること」は別のスキルなのです。

もちろん前述のように、本好きな子は文字を追うことには慣れています。しかし、国語のテストを趣味の読書と同じように好きに（主観で）読んでしまうと、いつまで経っても国語の点数は上がりません。

裏を返せば、国語で点数を上げる決め手は読書量ではなく、〝読解技術〟です。

国語は「物語文／説明文／随筆文／詩」それぞれに読み方があります。

たとえば物語文なら「場面に分ける」「登場人物を把握する」「心情に注目する」な

ど。説明文なら「重要語句に印をつける」「接続詞・指示語に注意する」「文の構造（具体と抽象／対比／理由／言いかえ／比喩（ひゆ））を把握する」など。

それら読解技術は国語のテキスト※に詳しく書かれていますが、多くの小学生は、日本語である国語だからこそ要点整理のページを読まず、いきなり問題文を読み始め、我流で解きます。

読書量に関係なく、「〝読解技術〟を磨く」——これが国語攻略のコツです。ぜひ親子で、テキストに記載されている〝読解技術〟を確認してみてください。目からウロコの解き方が満載のはずです。

※『となりにカテキョ　つきっきり国語（物語文編／説明文編）』（実務教育出版）もおすすめです。

POINT

国語の点数は、読書量ではなく〝読解技術〟で決まります。各文章の読み方を確認しましょう。

「人体ムリ」「地理イミフ」理科や社会の問題が、できない！

理科と社会は、分野にすごく個性のある科目です。だから「星座は好きだけど昆虫は嫌い」とか、「戦国時代は好きだけど地理は嫌い」とか、好みがはっきり分かれるんだよね。

でも、それって正しい姿。食べ物に好き嫌いがあるように、科目にだって、分野にだって、好き嫌いはあって当然。それがきみの個性でもあるからね。

好きな分野はいいけど、嫌いな分野もテストに出るから覚えないといけない……やりたくないなぁ……。こうやって無理やり詰めこんだ知識は、すぐに忘れちゃいます。

じゃあ、どうやって覚えればいいんだろう？

実は、**知識は「いろいろなものと関連づけて覚える」と定着しやすくなります。**

それも、テキストや問題集よりは、漫画やテレビ、動画といった「別の手段」がおすすめです！

「人体ムリ」と言っていた子は、漫画やアニメで**『はたらく細胞』**を見て、人体に興味を持てたよ。「浮力とか意味わからない」と言っていた子は、「**NHK for School**」の動画を見て「あぁ、これが浮力か！」と納得していたよ。

▼ www.nhk.or.jp/school

もちろん、読んだ漫画や見た動画が、すぐにテストの点数に結びつくわけでは

イメージの力はすごいんだ

ないけれど、テキスト以外で得た知識や経験が多ければ多いほど、脳の中でそれらの知識が勝手に手を結んで、興味のない内容も根付かせてくれます。

私やパパやママが勉強していた数十年前と違って、今はわかりやすい漫画や動画がたくさんあるよね。そんな今の時代に生きるみんなのことがすごくうらやましいです。

さらに、漫画や動画の感想を家族に話すことで、さらに記憶が定着します。

「明智光秀より織田信長のほうがイケメンだった」でもＯＫ！ そういう「一見、テストに関係なさそうな周辺知識」をたくさん持つことで、知識が広がって定着していきます。そう考えると、勉強もちょっとワクワクしないかな？　それが大事！

急がば回れ。
漫画や動画の力を借りて、
一見関係のなさそうな知識をたくさん増やそう！

社会や理科の暗記問題が苦手な子の親御さんへ

子どもに限らず、人は興味あるものには勝手に目が行き、勝手に覚えますが、興味がないものはなかなか頭に入ってきません。それでも、理科と社会は一定の知識を入れる必要があり、**興味のない分野の知識をどう入れるか**は悩みどころです。

まず、みなさんが取り組まれるのが「理社の一問一答問題集を何周もする」という方法です。

しかしこれは、小学生が一人で取り組むには非常にハードルが高いため、面倒でもぜひ親子で一緒に取り組んでほしいと思います。

そもそも、子どもは何度も繰り返すことにより「たしか㋐の次は㋓だったな」「単子葉の次は双子葉だったな」というように器用に暗記します。「早く終わらせたい」と思ったときの小学生の〝その場しのぎ暗記力〟は皆、本当にすばらしいです（笑）。

さて、この一問一答の繰り返しは、たしかに4、5年生のテストでは功を奏しますが、6年生後半の模試では通用しなくなります。
なぜなら、入試本番は知識を立体的につなげた出題が増えるためです。一問一答でインプットした知識を横につなげるには「過去問で慣れるしかない」との回答が多いですが、子どもはそれほど器用ではありません。

そこで、ぜひ漫画や動画を最大限活用していただきたいと思います。**『実験対決』**（朝日新聞出版）や**『日本の歴史』**（各社）といった科目直結型でなくとも、**『Dr. STONE』**（集英社）や**『天上の虹』**（講談社）などの漫画でも十分です。

動画では**「NHK for SCHOOL」**が鉄板ではありますが、**「歴史探偵」**（NHK）、**「鉄道・絶景の旅」**（BS朝日）など、今は本当にいろいろあります。

親が「頭に入れてほしい」と思う内容に限ってスルーされることも多いですが、さまざまなアプローチを仕掛けてあげてください。

さらにここで大切なのは、読んだり見たりした内容を、本人の口で説明させることです。

「読む／見る」だけではインプットでしかありません。しかし、知識を定着させるためにはアウトプットが非常に重要です。この最後のひと手間があるかないかで、記憶の定着が大きく異なります。５分でもいいので「お、〇〇（お子さんの名前）先生の出番だ！」と家族で持ち上げて、気持ちよく話させてあげてください。

漫画や動画の力を借りて、
一見関係のなさそうな知識をたくさん増やしましょう。
インプットの後は、アウトプットも忘れずに。

合格するためのノートの活用法、教えて！

勉強用のノートって、どう使い分けているかな？　そもそも、ノートを使っているかな？

「テキストに直接書きこんでいるからノートなんてない」
「プリント教材の塾だからノートは必要ない」

という声も聞こえてきそう。でも、塾に通っていようといまいと、プリント教材の塾であろうとなかろうと、勉強にはノートが必要だと私は考えています。

塾に通っている場合。授業中に先生が黒板に書いてくれたこと、まとめてくれた要点、口で説明してくれたことなど、どこに書いているかな？　テキストには書きこみ切れないし、プリント教材だと、いちいち過去のプリントを取り出して広げないと見られないよね。

え、そんなの書いていない？　じゃ、家で勉強するとき何を参考にするの？　テキストの解説？　それなら塾にわざわざ行く必要ないじゃん、テキストさえあれば家でできるよね。

間違えた問題、わからなかった問題を繰り返し解きたいとき、テキストやプリント教材ではスペースが足りないよね？　え、チラシの裏に書いてポイ？

……とならないよう、ぜひ、**「2種類のノート」**を、各科目で用意しよう。

三位一体！

● 授業ノート

塾や動画の授業は、先生が必ず考え方や解き方を黒板やホワイトボードに書いて説明してくれるよね。

でも、それを眺(なが)めるだけでは頭に入りません。実際に自分の手で意味を考えながら写すことで解法が身につきます。何も考えずに写すのは「写経(しゃきょう)」だけど、写してこないよりはまあマシかな。そして、家で問題を解いていてわからなくなったら、そのノートを見返すの。つまり、**自分専用の参考書**になるってことだよね。

演習ノート

問題を解くノートです。問題によって必要なスペースは違うし、間違えたら解き直しもしたいよね。だからノートはケチらずたっぷり使おう。さらに、ノートの罫線(けいせん)に沿って解くことは、丁寧に読みやすく書く練習につながります。ノートの罫線を無視して雑に書いている子が、テストや入試問題のスペースや解答用紙に見やすく、わかりやすく書けるわけがないからね。

勉強にノートは必須!
科目ごとに「授業ノート」「演習ノート」を用意しよう。

ノートがうまく活用できない子の親御さんへ

なぜ書いて考えねば（解かねば）ならないのかについては26ページ以降を参考にしていただき、今回はノートの必要性についてお話しします。

カウンセリングや指導に入ると、日々取り組む計算問題を、テキストに直接書きこんでいる子が多いのに驚かされます（直接書きこむように作られているテキストは別）。狭いスペースにゴチャゴチャと書いて間違いだらけ、あるいはテキスト用のツルツルした素材ゆえに、消しゴムできれいに消せず紙がクシャクシャになっている……お子さんはいかがでしょうか？

①ノートは科目別、用途別にたくさん用意する

1冊のノートを「何でも帳」よろしく、さまざまな科目で埋めている子がいますが、必ず科目別、用途別に分けましょう。

「ノートの種類＝学習内容の整理」とも言えます。

私が算数指導に入るとき、5年生以降は授業ノートを「数の性質／割合／速さ／平面図形／立体図形／場合の数／文章題」の7種類に分け、それぞれのノートに問題の解法や要点をまとめています。

②思考を整理し、積み上げる

授業内容がノートにきちんとまとめてあれば、問題の解き方を忘れてもノートを見返すことで再理解を促せます。

つまり、**板書や聞いたことを単に書けばいいのではなく、板書を写しながらその意味を考える、後で見返したときにわかりやすいようにまとめることによって、テキストの補助参考書となる**のです。

そして、たとえば等差数列の解き方を忘れていたら、該当のノート&ページを探させます。こういった繰り返しによって、頭の中に「引き出し」を作るのです。

③スペースの確保

問題を解くのに必要なスペースは異なります。

基本的に「**解くスペース＝脳のスペース**」と考えるとわかりやすいかもしれません。狭いスペースでちまちま解いていては正解できるものもできませんし、見直すときに、どこに何が書いてあるかわからず、見直し力も育てられません。

そして入試前夜は、今まで勉強してきたテキスト類とともにノートも積み上げてもらいます。子どもの筆跡のみでびっしり埋まったノートタワーは、何物にも代えがたい自信につながります。

ノートは科目別、用途別に用意する。
ノートこそが、自分だけのオリジナル参考書になる。

算数のノート、こんなふうに用意しよう

例1：算数の授業ノート［割合と比］

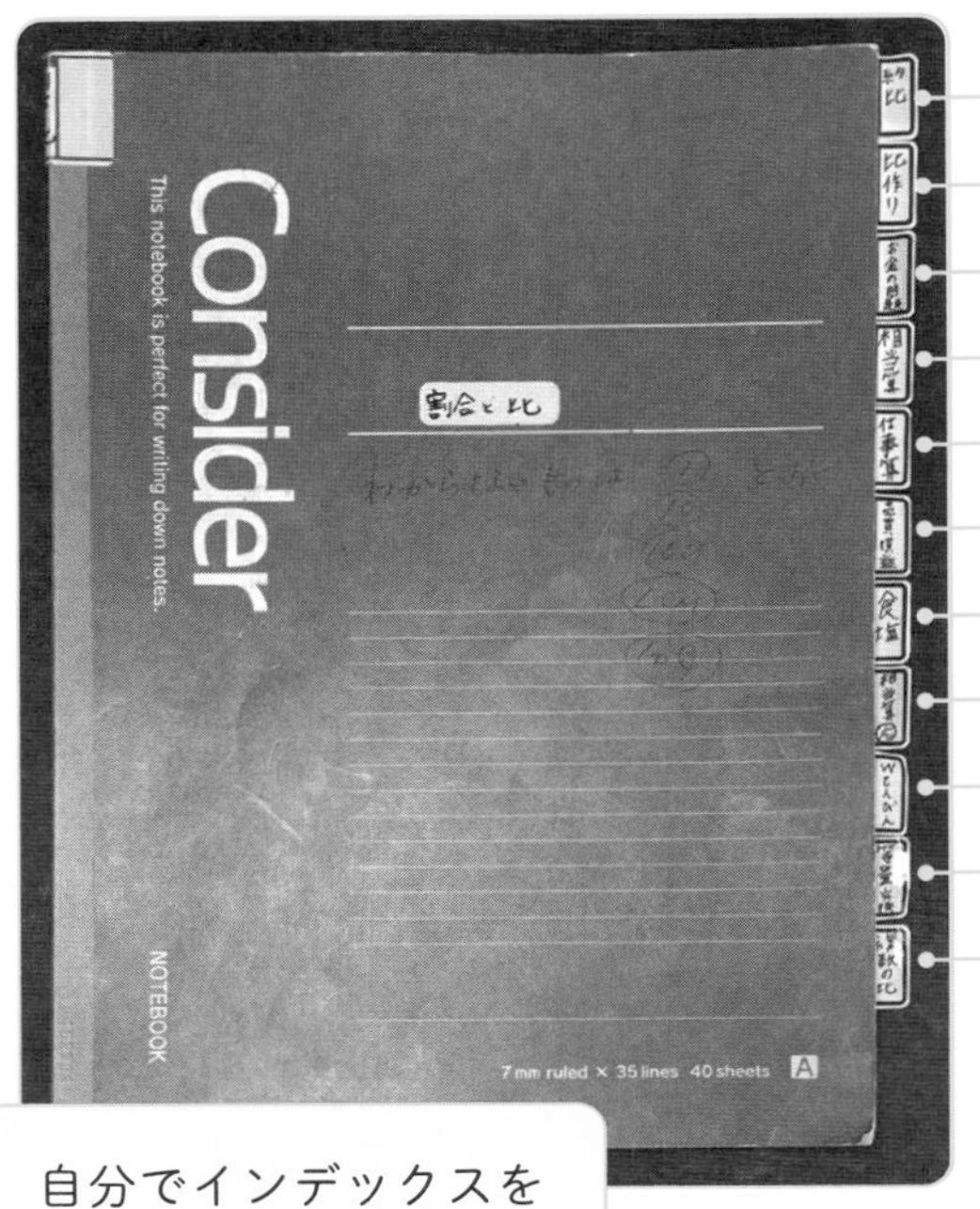

約比
比作り
お金の問題
相当算
仕事算
売買損益
食塩
相当算（応用）
Wてんびん
等量交換
複数の比

自分でインデックスをつけてわかりやすくしているよ

これならすぐに取りかかれるね

算数は「解法の型」が必要。
ノートのどこに何が書いてあったかを
頭に入れよう！

算数の授業ノート、まずは分野別に7冊用意しよう。

1：数の性質	2：割合と比
3：速さ	4：平面図形
5：立体図形	6：場合の数
7：特殊算	

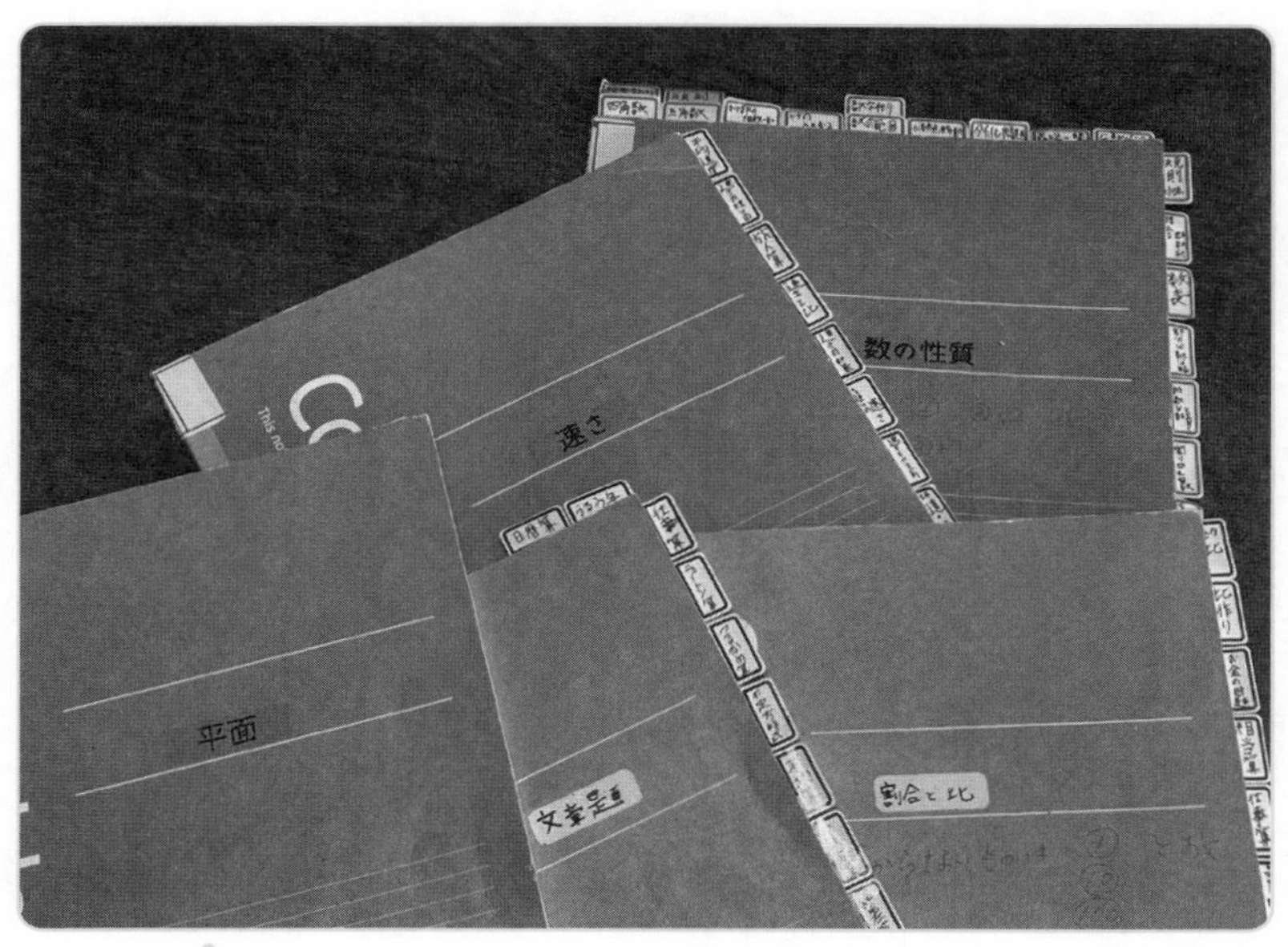

ノートの表紙には必ず分野名を書こう！

復習テストと実力テスト、どちらが大切？

みんなが入試本番までに受けるテストは、大きく2種類あります。

1つは、**出題範囲が決まっている「復習テスト」**。カリキュラムテスト、育成テスト、デイリーチェックなんて呼ばれたりもします。

もう1つは**出題範囲が決まっていない「実力テスト」**。公開テスト、組み分けテスト※なんて呼ばれたりもします。ざっくり「模試」と言われることもあります。

「復習テスト」と「実力テスト」、どちらの結果のほうが気になるかな？

「実力テストに決まってんじゃん！」

という声がすぐに聞こえてきそうだね。たしかに、実力テストは偏差値や順位が出るし、クラス昇降にもかかわってくるし、何より親もすごく結果を気にする……だから、実力テストは気合いを入れて臨む子が多いんじゃないかな、と思います。

でもね、じつは実力テストよりも復習テストのほうが大切なんです。

中学受験で勉強する内容の多くは、小学校では習いません。知らないことばかりだし、とても難しいよね。だからこそ、毎週、あるいは隔週で復習テストを実施して、「どこまで理解できたかな？」と細かく確認していきます。

この「復習テスト」の積み重ねがないと、当然実力テストで点数は取れません。「実力テストのほうが点数が良い」という子もいると思います。でも、復習テストで点数の取れなかった単元は、実力テ

復習テストが実力のもと

ストでも取れないでしょ？
また、実力テストは、正答率も幅広く設定されています。だから、自分がどの分野・単元が苦手なのか、わかりづらいんだよね。でも、復習テストは基本的に毎回同じレベルの出題だから、自分の得意・苦手がわかりやすいんだよね。

だから、**復習テストはとても大切**。

塾の宿題は、「復習テストで出たら解けるかな……」と常に意識して取りかかろう。その積み重ねが、最終的に実力テストの点数も押し上げます。

※四谷大塚の「組み分けテスト」は出題範囲が決まっているため、復習テストとなります。

POINT

復習テストは実力テストより大切！
塾の宿題は「復習テストで出たら解けるかな？」と意識して解こう。

復習テストと実力テストの違いを理解したい親御さんへ

復習テストと実力テストは、テストの目的が異なります。

復習テストは出題範囲が決まっており、その範囲の定着を確認します。実力テストは範囲がなく、子どもの学力の発揮度をはかります。よってレベルを度外視した出題もあります。

実力テストでは偏差値や順位が出たり、クラス昇降が決まるため、どうしても結果に一喜一憂(いっきいちゆう)しがちです。しかし、実力テストの結果ではなく、復習テストの結果にこそシビアになるべきです。

というのも、多くの塾は6年夏までに一通りの内容が終わるようにカリキュラムが組まれています。つまり、それまでは必要な新しい知識を随時インプットしている状態で、それらの定着度合いをはかるのが復習テストです。よって日々の勉強は、復習テストでどこまで点数を取れるかを指標に取り組みます。宿題が多くて終わらずに受ける場合は、宿題で解いた問題の類題が取れているかどうかを確認しましょう。

一方、復習テストはイマイチでも「実力テストの結果は良い」あるいは「実力テストでミスは多いが、正答率の低い問題を正解させてくる」という子もいます。思考力・探求力が旺盛で勉強に対する素養が高い、あるいは先取り学習の貯金ということもあるでしょう。往々にして、**このタイプは筆跡が雑で、算数では図や式を書きたがりません。**そして、学年が進むにつれて実力テストの成績も下がってきます。

しかし、**中学受験は「地頭勝負」ではなく「積み上げ勝負」です。**正答率が80％の問題も、10％の問題も配点はほぼ同じであり、「皆が取る問題でいかに失点をしないか」で勝負がつきます。

これこそが、まさに復習テストで鍛える力でもあります。復習テストは「確実に取るべき基本的な問題」からの出題であり、難度の逸脱した未知の問題は出題されません。既知の問題を確実に得点する場なのです。つまり、復習テストで点数を取るためには、「日々コツコツ努力する姿勢」が求められると言いかえることもできます。中学入試は「地頭」と「努力」の掛け合わせです。

復習テストで鍛えた「確実な得点力」を実戦力としてどこまで発揮できるかをはかるのが実力テスト。

復習テストを積み上げた先に実力テストがあるのであって、それぞれ独立したテストではありません。

POINT

実力テストより、復習テストのほうが断然大切！
入試の合否は、日々の努力（復習テストに向けた勉強）が鍵を握っています。

テストの心構えってあるの？あるなら何すればいい？

日頃テストを受けるとき、何か自分で意識していることはあるかな？「国語は最後まで文章を読む」「計算でミスしない」「特に何も考えてない」などいろいろ聞こえてきそうだけど、テストを受けるコツを教えるね。ぜひおうちの人と一緒に読んでほしいな。

①時間配分

「最初から一生懸命解いていたら、いつも最後で時間がなくなっちゃう」という子、多いと思うの。でも、テストは時間配分がとても大切。「問題用紙1枚／大問1題／1問あたり」のいずれかに何分かけるか、ざっくり決めよう。

もし1問3分と決めて、大問1つに5問あるならば、その大問は15分以上かけちゃダメだ、という意識が持てるよね。

②**見直し**

ミスが多い子は、必ず見直しの時間を取ろう。

テストが50分ならば、見直しは5～10分くらいが目安かな。見直しは正答率の高い問題。算数なら、大問1（計算）と大問2（一行題）。うしろのほうの問題を解いていても、残り5分、10分になったら前に戻って見直しをしよう。

③**筆跡**

テストになると、いつも以上に字がグチャグチャになっていないかな？「時間

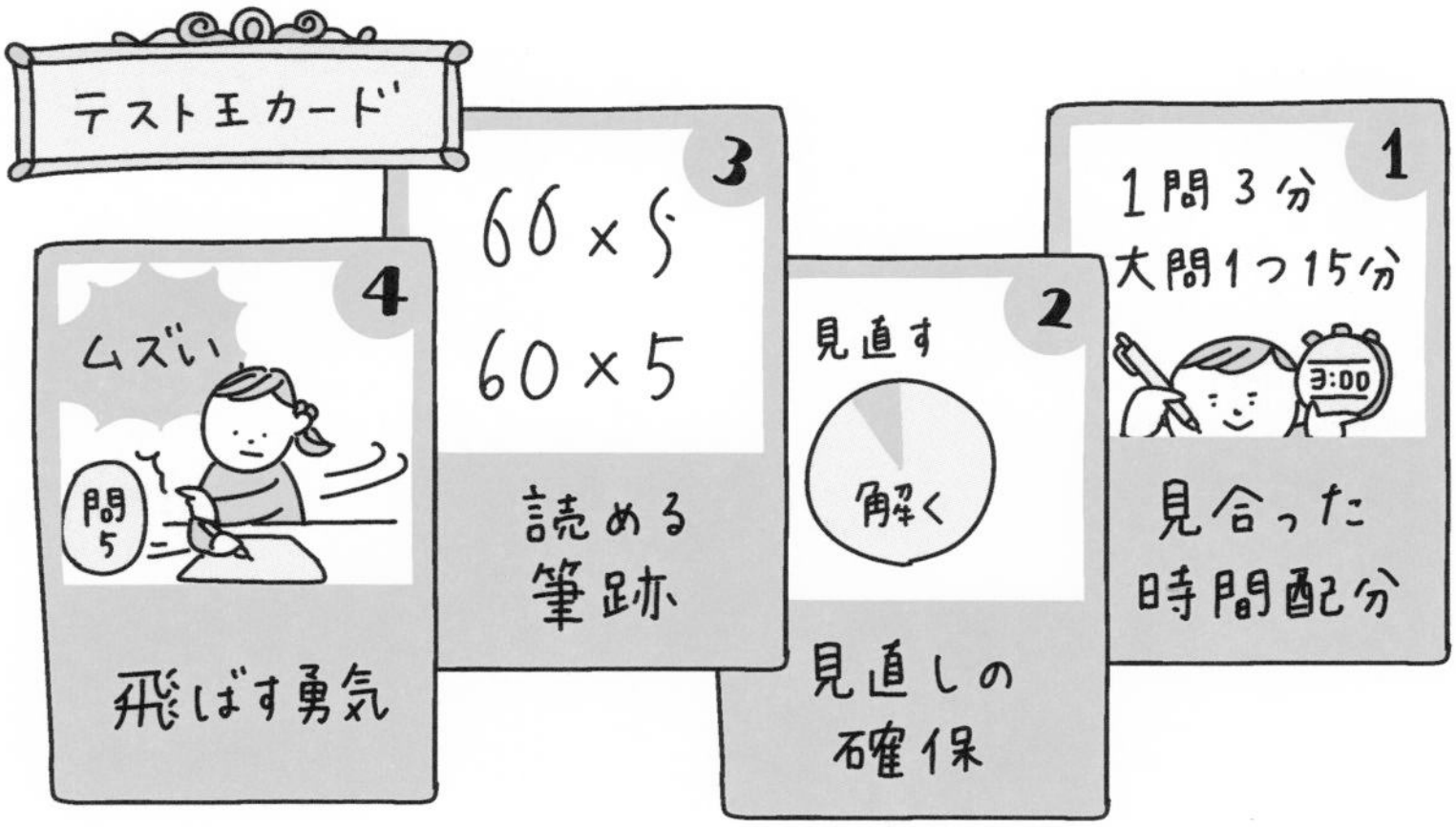

テスト王カード
1 1問3分 大問1つ15分 3:00 見合った時間配分
2 見直す 解く 見直しの確保
3 60×5 60×5 読める筆跡
4 ムズい 問5 飛ばす勇気

シンプルで強い必殺ワザ！

がない」「点数を取らなきゃ」と焦(あせ)るんだよね。でも、筆跡が雑だと、見間違いや転記ミスはどうしても増えます。丁寧(ていねい)すぎる必要はないけれど、誰が見ても読める字で解くことを意識しよう。

④取捨選択

テストには、必ず「すごく難しい問題」が混ざっています。その問題に引っかかって、気がついたら10分過ぎてた……とならないように、「これは無理」と思ったら、その問題はいったん飛ばす潔(いさぎよ)さを持とう。

POINT

やみくもにテストを受けても意味はない。
戦略的にテストを受けて、点数をアップさせよう！

テストの心構えを知りたい親御さんへ

テスト後に指導にうかがうと、**まだ結果が出ていなくとも、問題用紙の筆跡を見ればどのくらいできたか、だいたいわかります。**

筆跡がグチャグチャのときは、おしなべて結果は悪いものですが、筆跡がいつも以上に乱れている場合は、テスト前後の生活・メンタル状態が起因していることがあります。

前夜、見直しに追われて睡眠時間が短くなった、家を出る前に親と喧嘩した、テスト中にお腹が痛くなった、最初の科目で想定外にドボンして気持ちが切り替えられなかった、など。

これらはテストの出来に直結しますが、当の本人たちはそのことに気がついていません。よって、**テストを受けるときの心身のコンディションは、親が先回りと事後検証をしてサポートする必要があります。**

一方、テスト中の細かいテクニックは78ページに書きましたが、これらを子ども一人で実施することはできません。ぜひ一緒に考えてあげてください。

中でも鍵を握るのは「**①時間配分**」です。

子どもは、問題を解きながら時間を意識することがなかなかできないので、日頃から訓練する必要があります。

家で問題を解くときも、科目や問題に応じて5分、10分といった区切りを持たせることは有用です。私も「1問に3分以上かけないでね」といって宿題を出すことがあります。また、国語で最後まで行きつかない場合は、まず漢字や語彙といった時間のかからないものから取りかかるといった戦略も必要です。

「**②見直し**」は、解くスピードに左右されます。解くのが速い子は見直し時間をしっかり取れますが、「後で見直せばいいや」と油断して雑に解きがちなので、その点に注意を促す必要があります。**スピードの遅い子は見直し時間の確保より、一問一問を**

確実に正解させるほうに注力します。

他にも「**③筆跡**」や「**④取捨選択**」などいろいろありますが、子どもがテスト中に意識できるのはせいぜい1つだけ。親はつい、あれもこれもと要求しがちですが、本人に「今回は何に注意して解いてくる？」と考えさせましょう。慣れないうちは、見直しや丁寧に書くことに時間をかけすぎたり、取捨選択にかえって悩んで問題に手をつけられなかったり……といったことが続発しますが、入試以外はすべて練習です。ぜひ、テストでたくさんのトライ&エラーをして、まずはトライした姿勢をほめてあげてください。軌道修正はそれからです。

POINT

テスト時の心身コンディションに目を配れるのは親だけ。テストでたくさんのトライ&エラーを重ね、1つずつ軌道修正していきましょう。

テスト対策って、何すればいいの？

テストには「復習テスト」と「実力テスト」があることはわかってくれたと思うんだけど（72ページ）、そもそもみんな、テスト対策してるかな？

まず、最も重要な対策を伝えるね。それは……、

よく寝て、元気な状態で臨むこと！

「睡眠不足のほうが目がランランと冴えてるよ」という子もいるけれど、その状態は長続きしません。だから実力テストのような大きなテストの前日は、なるべく早く寝るようにしよう。

続いて大切なのが、復習テスト対策。

その方法はとても簡単で、日頃の宿題に大切に取り組むこと。だって、復習テストはほとんど宿題の範囲から出題されるよね。宿題をやらなかったり、やっても適当だったりしたら、やっぱり復習テストの点数は取れないよね。


「実力テスト対策は？」という声が聞こえてきそうだけど、72ページでも話したように、復習テストの積み重ねが実力テストの点数に結びついてくるの。

とはいえ、何も手を打てないわけじゃない。

これは入試直前もそうなんだけど、**範**

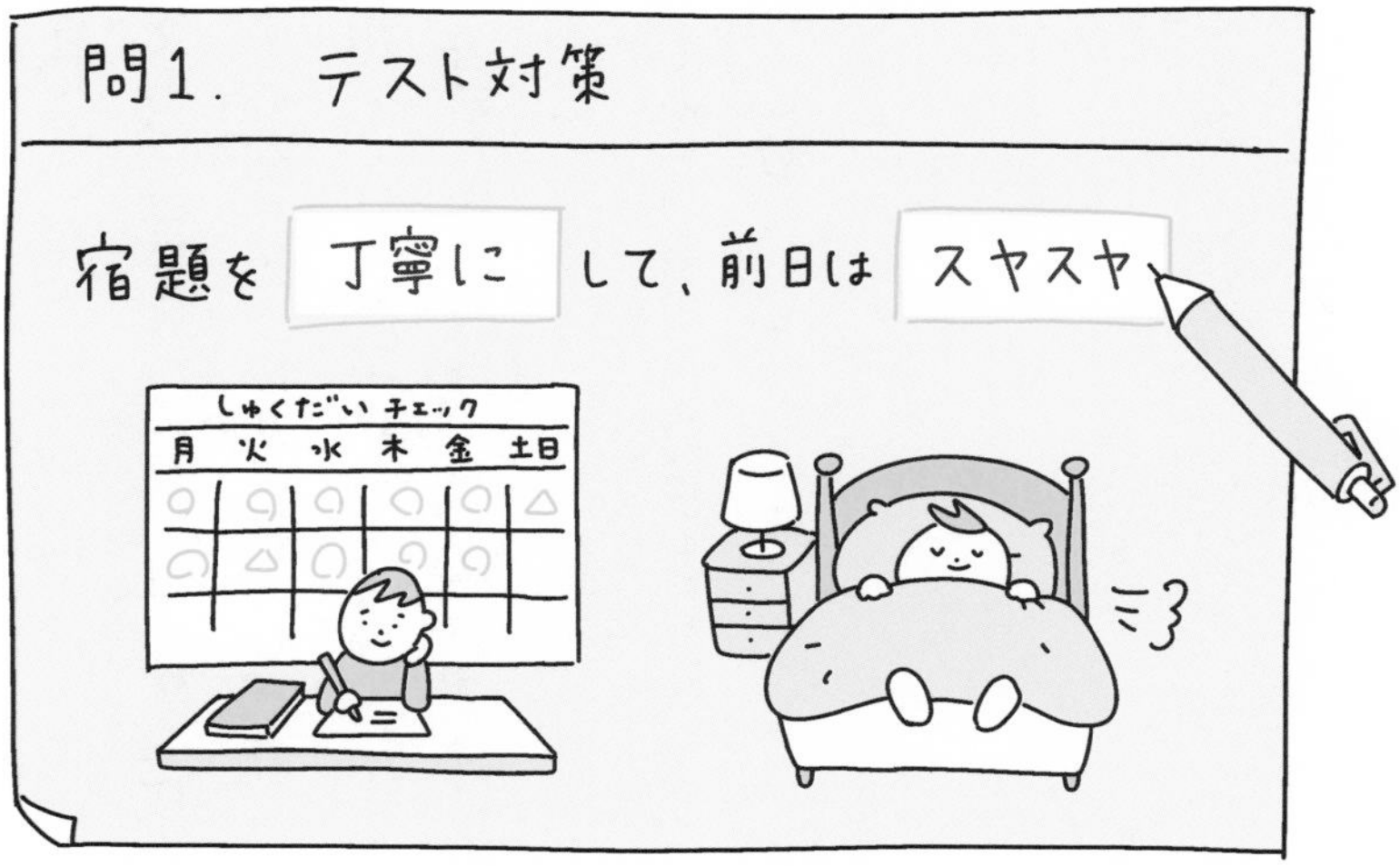

何よりも元気でいること！

囲のないテストの前は「知識の確認」が最も有効です。つまり、「考える問題」じゃなくて「覚える問題」をすべき（38ページ参照）。

だって、「立体図形が苦手」だからといっても、立体図形の範囲はとても広いから全部をさらうなんてとうてい無理だし、簡単な問題が出るのか、難しい問題が出るのかわからない。でも、「日本一長い川＝信濃川」という知識に簡単も難しいもないよね。だから、**実力テスト前は理科と社会の「苦手な知識分野」を1つか2つに絞って取り組むのが一番効果的！**

もちろん、その分野がテストに出ないこともあるけれど、見直した知識はインプットされるよね。その地道な積み重ねが実力に、点数につながります。

日々の宿題への取り組み姿勢こそが、
復習テスト対策、そして実力テスト対策。
実力テスト対策は理科や社会の知識分野を攻めよう！

テスト対策がよくわかっていない子の親御さんへ

指導に入っていると、「公開テスト（組み分け）対策をお願いします」と言われることがよくあります。その結果でクラスが変わるわけですから、そうお願いしたい気持ちもわかります。しかし、そのたびに「算数は対策のしようがありません」とお伝えし、その週に塾で扱われた内容の確認や掘りこみといった、通常通りの指導をします。

というのも、公開テストでほぼ必ず出題される分野——「割合」「速さ」「平面図形」のような大きな分野は、テストの直前に数時間勉強したところで、即座に点数には結びつかないからです。

1つだけ例外は「単位の計算」。

大問1で必ず出題される場合は、単位（長さ、面積、体積、重さ、時間）を何問か解いておくのをおすすめします。

それほど、子どもはすぐに単位換算を忘れるものです。

算数の公開テスト対策の王道は「日々の宿題に丁寧に取り組むこと」。前日と当日は**「今日の計算はいつも以上に丁寧な字でスピードを意識して解いてみようか」**というアプローチも、気持ちを引き締めるのにおすすめです。

国語にも、特別な公開テスト対策はありません。5年生から本格的に学ぶ物語文、説明文それぞれの〝読解技術〟を確認するのもいいですが、読解技術は複数あるため、テスト中に子どもがどこまでそれらを意識できるか、なかなか難しいところでもあります。つまり、普段の宿題でいかに読解技術を意識して使えているかどうかが、公開テストの結果につながってきます。

ただし、理科と社会の「知識分野」についてはその限りではありません。テコやバネといった物理分野は算数でいう「割合／速さ／平面図形」のようなもの。原理原則が理解できていないとお手上げですし、出題者も問題難度をいくらでもつり上げてきます。

ところが「植物」や「星の動き」、「東北地方」や「奈良時代」といった知識分野の基本は「覚えること」です。逆に言えば、物理分野は原理原則を理解していれば、特に復習せずともある程度点数が取れますが、知識問題は知識が抜けていたら得点できません。

また、人間は忘れる生き物なので、何度も知識を入れこむ必要があります。ここで俄然、理科と社会は**復習テストや公開テストのファイリングやリング綴じ**（100ページ）が活きてきます。

一方、復習テスト対策は、宿題範囲からそのものズバリの出題なので、「宿題＝対策」となります。テスト前は82ページの内容も毎回意識させましょう。

POINT

算数と国語の公開テスト対策は、日々の宿題に丁寧に取り組むこと。理科と社会は、知識系の苦手分野を復習しよう。

ケアレスミスがちっともなくならないです！

返ってきたテストと見直してみると、

「㋐って思ったのになんか㋑って書いてる」

「げ！　最後にここ足すの忘れてた」

なんてこと、ないかな？　そして思うよね。「あーあ、ケアレスミスしちゃった」って。


でも、それらは本当にケアレスミスなのかな？

もちろん、答えを書き間違えて×になることもあるのは知ってるよ。その一方で、本当は自分の考え方や答えに不安を持っていたけれど、ケアレスミスだと思ってやり過ごしたい――そんなときもあるんじゃないかな？
そういう場合は、不安を素直に認めて、もう一度その問題と向き合おう。なんとなくの不安を「もう大丈夫！」っていう自信にかえるとスッキリするよ。

ミスじゃなくてチャンスじゃない？

あるいは、組み分けテストや公開テストで間違えた問題、わからなかった問題を家で解き直すと解けることもあるよね。そして「おっしーーー（惜しい）！」って思うよね。
うん、理解はできていると思う！
でも、家で解けるのは「時間を気にせず解いているから」、そして「間違えたとわかっていて慎重に解くから」でもあるんだよね。

入試は、自分が書いた答えを採点官や機械が採点します。いくら「書き間違えちゃった」「本当はわかってたんだけど」と言っても、残念ながら通用しません。

だから、"ミスを言い訳にしない" という気持ちを強く持とう。

入試は難しい問題を解く勝負ではなく、「自分が解ける問題を確実に取る」勝負です。

とはいえ、ミスをなくすのが本当に難しいのは私もよくわかっているの。でも、それを言い訳にするんじゃなくて、1つでもミスを減らす努力をするのみ。ぜひ、78ページ（テストの心構え）や96ページ（返ってきたテストの見直し方）を参考にしてみてね。

POINT

「ミスをゼロにすること」はとても難しい。
でも、「ミスを減らす努力」はできる。

ケアレスミスがなくならない子の親御さんへ

返却されたテストを見て、

「あと3問は取れたのに……！　そしたら偏差値〇アップして、クラスも上がれたのに……！」

と悔しい思いをすることはめずらしくありません。

しかし、人間はロボットではないので、ミスをゼロにするのは至難の業です。ただ、ミスを減らすための努力はできます。

親ができること――ハード面

ケアレスミスをしやすく、点数ダメージが大きい（1問あたりの配点が大きい）算数は、ミス頻発で点数の低い答案が返却されたら、まず問題用紙のコピーを取りましょう。

その後、**子どもが解いた筆跡をすべて消し、「読める字」で「図や式を書く」ことを徹底して再度解かせます。**

その問題用紙を採点すると、劇的に点数が上がるはずです。

そして、元の問題用紙（コピーしたもの）と、解き直した問題用紙を見比べさせ、本人に次のテストはどちらの解き方（書き方）をするか考えさせましょう。

また、子どもは問題用紙の使い方が下手です。

算数では右の端にチョコチョコと解いたり、大きな字で解いて次の問題スペースを浸食したりします。**各問題スペースに収まるサイズの字で書くよう教えてあげるのは親の役目**です。

「聞かれていることに下線部を引く／転記ミスがないように指さし確認をする」などの方法もありますが、本人がそれらを〝やらされている〟ときはどうしても上滑りするだけになりがちです。

●親ができること――ソフト面

ミスは、**本人が本気でなくしたいと思わない限りなかなか減りません。**

高得点勝負の学校が志望校だった子は、ミスを減らすために「毎日のルーティン計算で満点だったら100円」というご褒美が効き、その後は満点連発になりました。ある子は、本命の3週間前の入試で不合格になると、翌日から過去問のミスが激減しました。

どちらも、「直前期の6年生」というのがポイント。

つまり、そこまで切羽詰まらないとミスはなかなかなくなりません。テストが返却されると、ついミスばかりに目がいってヤイヤイ言いたくなりますが、それは子どものやる気を削ぎ、親子関係が悪化するだけ。ハード面だけ指摘し、あとは本人が本気でミスを減らしたいと思うタイミングを待つ姿勢も大切です。

POINT

ミスは本人が本気で「なくしたい！」と思わない限り減らない。ただし、ハード面の見直しは、親子でできる。

返ってきたテストの「見直し方」がわかりません！

テストが返ってきたら、どうしてるかな？　点数だけチラッと見て、

「っしゃー!!（ガッツポーズ）」

「あ、ここミスしてた」

「ヤバい！　怒られる……」

といった感想でおしまい……になっていないかな？　これじゃあテストを受けた意義も賢くなるチャンスも半減。つまり、返却されたテストを上手に見直せば学力アップにつながる、ということ。その方法を伝授するね！

バツになった問題は、「わかっていたのに間違えた」「途中まではわかっていた」「全然わからなかった」の3種類に分類されます。このうち、見直すのは前2つ。

●「わかっていたのに間違えた」問題

いきなり一から解き直すのではなく、「どこを間違えたのか」「なぜ間違えたのか」を必ず自分で見つけよう。

めんどくさいかもしれないけれど、勉強する上で実は一番大切で、すごく力がつくの。

これができないと、テストの見直し時間でも間違いを発見できないからね。中学生、高校生になっても一緒だよ。

間違えた理由をノートに書きとめていくとさらに良し！

テスト前にそのノートを開くと、気をつけるポイントが見えてくるよ。

間違いは、得点のはじまり！

「途中まではわかっていた」問題

テストでは時間がなかったのかもしれないね。だから家では、もう少し時間をかけて再度解いてみよう。それでも途中からわからなくなったら、解説を読もう。それでもわからなければ先生に質問にいこう。この問題が得点できるようになれたら、一皮むけた自分に出会えるよ。

ちなみに私がテストが返ってきて真っ先に見るのは筆跡、次いで図や式を書いているかどうか。そこでだいたい、そのテストの出来が判断できちゃいます。だから、採点官になったつもりで「きったない字!」「こりゃひどい」など自分で自分にツッコミも入れてみてね(笑)。

点数だけ見ては意味がない。「どこを間違えたのか」「何を間違えたのか」を必ず自分で探そう。

テストの見直し方がわからない親御さんへ

返却されたテストはどうされているでしょうか？　とはいえ、毎週塾で新しいことを学び、その宿題に追われると、どうしてもテストの見直しがおざなりになりがちですよね。

見直し方はテストによって異なります。とはいえ、あまりテストの見直しに時間をかけ過ぎないようにしましょう。

●「復習テスト」の見直し方

復習テストは、**できるだけ返却されたその日のうち**に、「どこを間違えたのか」を本人に見つけさせます。よって、算数や理科の計算問題は、図や式を書いた跡が必須となります。

復習テストは授業や宿題の中から大切な問題が子どものレベル（所属クラス）に応じて出題されています。よって、間違えた、わからなかった問題もすべて見直すのが理想ですが、そこまで時間も取れないと思いますので、見直すラインを「3問まで」「70点まで」「平均点まで」「30分間だけ」など、何かしらで区切ってスケジュールに組みこむことをおすすめします。

実力テスト

成績表が返却されてから、正答率で区切って見直します。

よく模試後のファミレスなどで、答え合わせをして間違えた問題をすべて解き直ししている親子の姿を見かけますが、この場合は**解き直しは簡単な問題のみ**とし、点数を出すのにとどめましょう。

とはいえ、見直すべき問題はどうしても消化不良で積み残っていきます。そこで、こんな方法がおすすめです。

細切れに解く（ルーズリーフやノートに貼る）

算数と理科に有効です。

間違えた問題をコピーし、1問あるいは大問1つずつバラバラにします。ノートかルーズリーフの表に問題、裏に解説を貼り、「1日〇枚」「〇曜日は〇枚」などと決めて、細切れに進めるとそれほど負担がかかりません。

●大問を解く（リングで綴じる）

前提問題文の長い理科や社会に有効です。

間違えた問題番号と解答、解説に赤丸をつけ、問題用紙→解答・解説の順に保管します。リングで穴を開けて綴じると、実力テスト前などの苦手分野の確認に便利です。

POINT

テストの見直しに時間をかけ過ぎないように。返却された「テストの管理方法」が復習の鍵を握ります。

テストの管理方法　とにかくゆったりノートを使う

例1：算数のテスト

オモテ

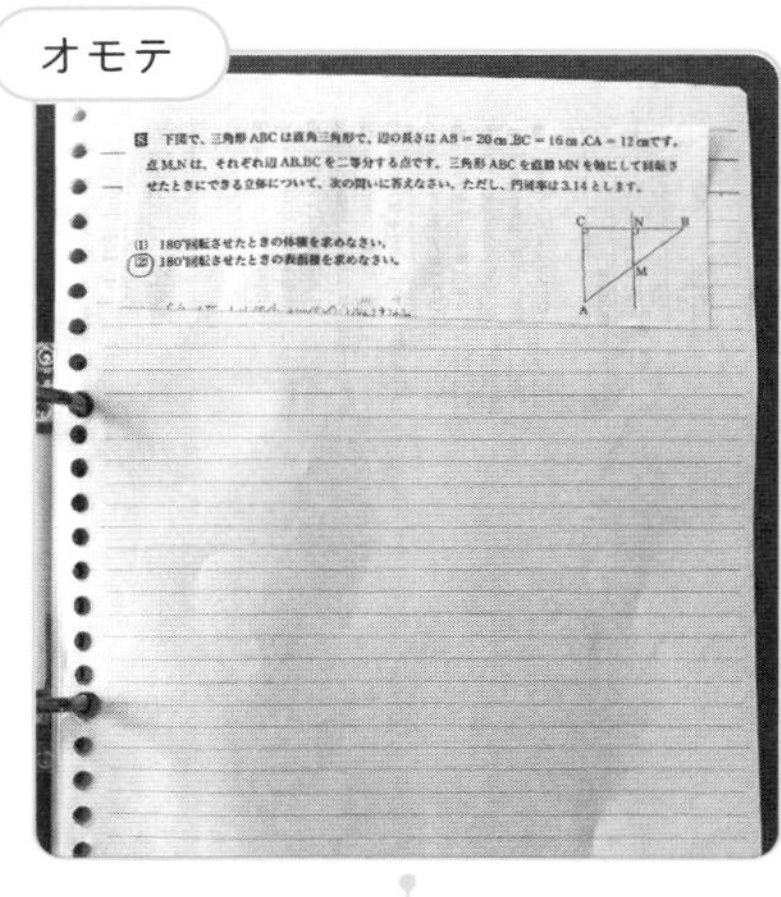

ウラ

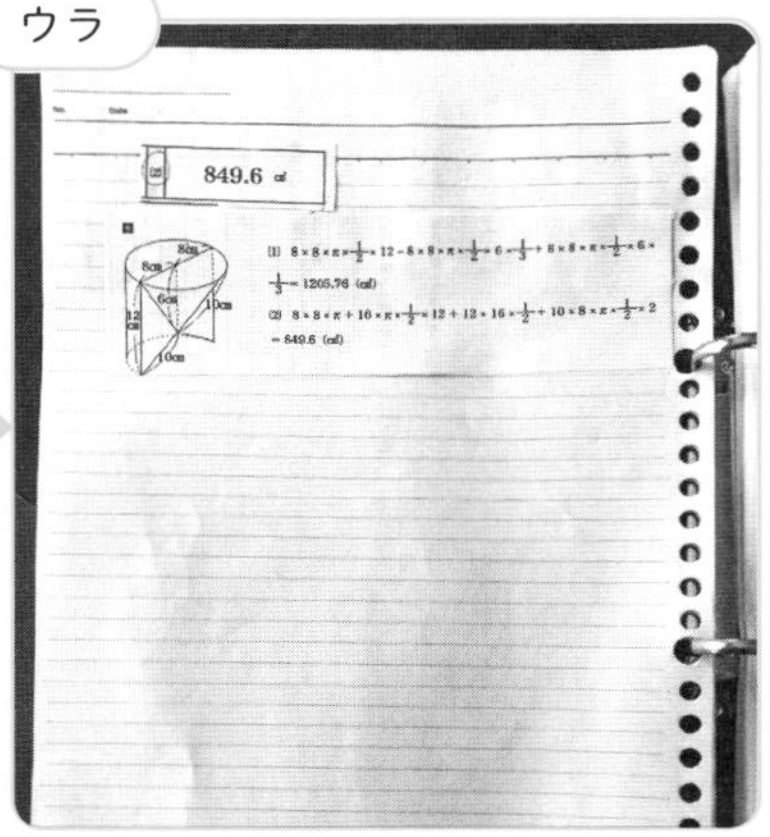

表面に「**間違えた問題**」をコピーして貼り付けます。

裏面に「**答えと解説**」をコピーして貼り付けます。

オモテ

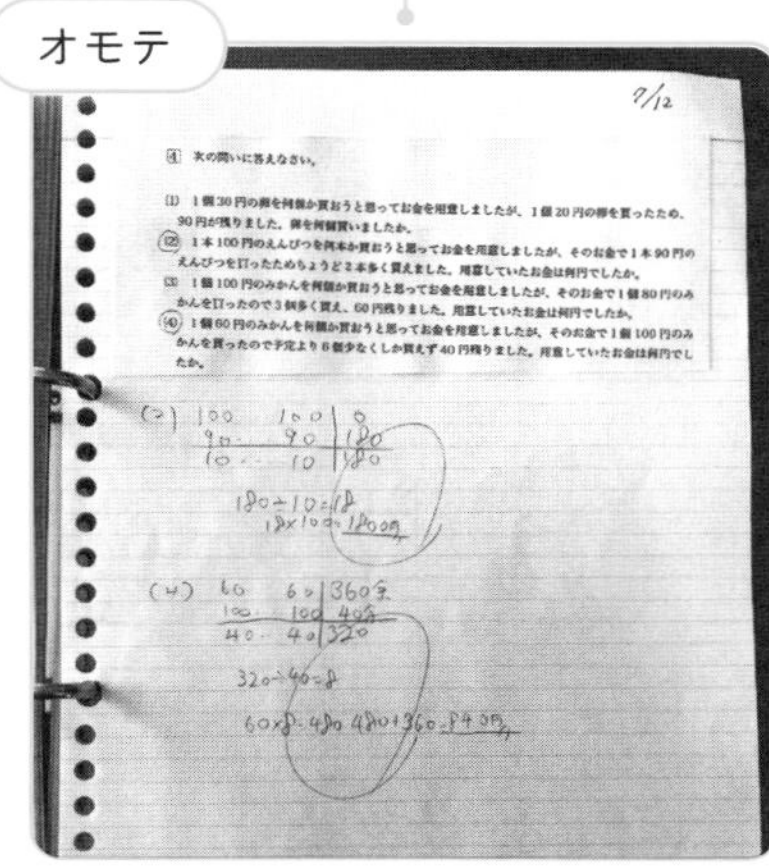

ウラ

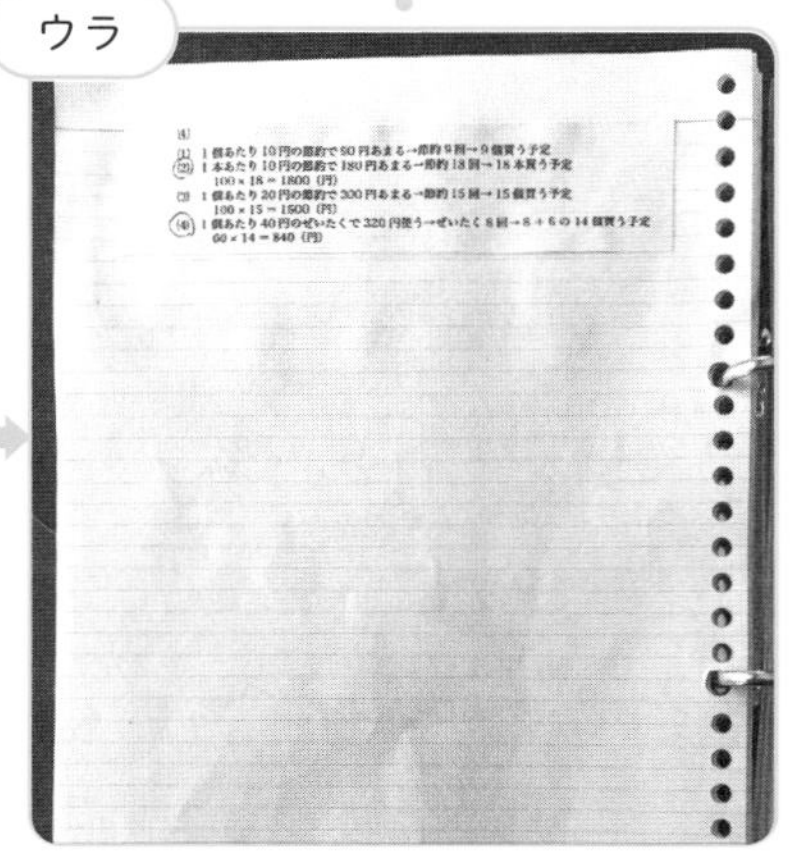

例2：理科のテスト

テストの実施回ごとに【問題】→【解答】の順に綴じます。

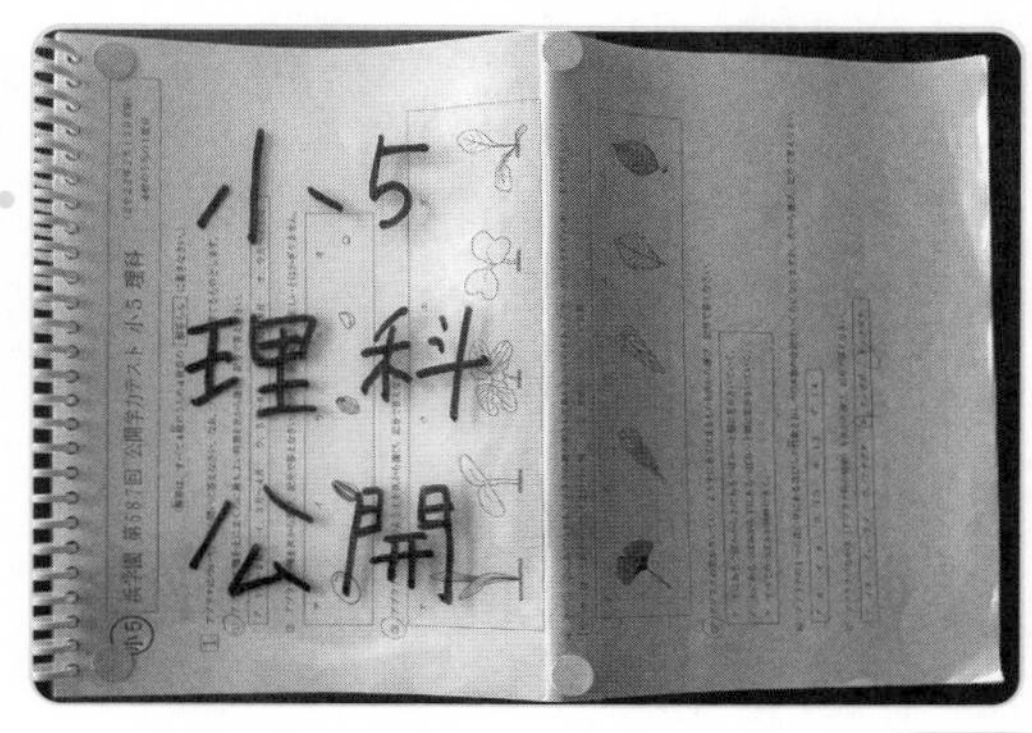

これなら見やすいね！

問題

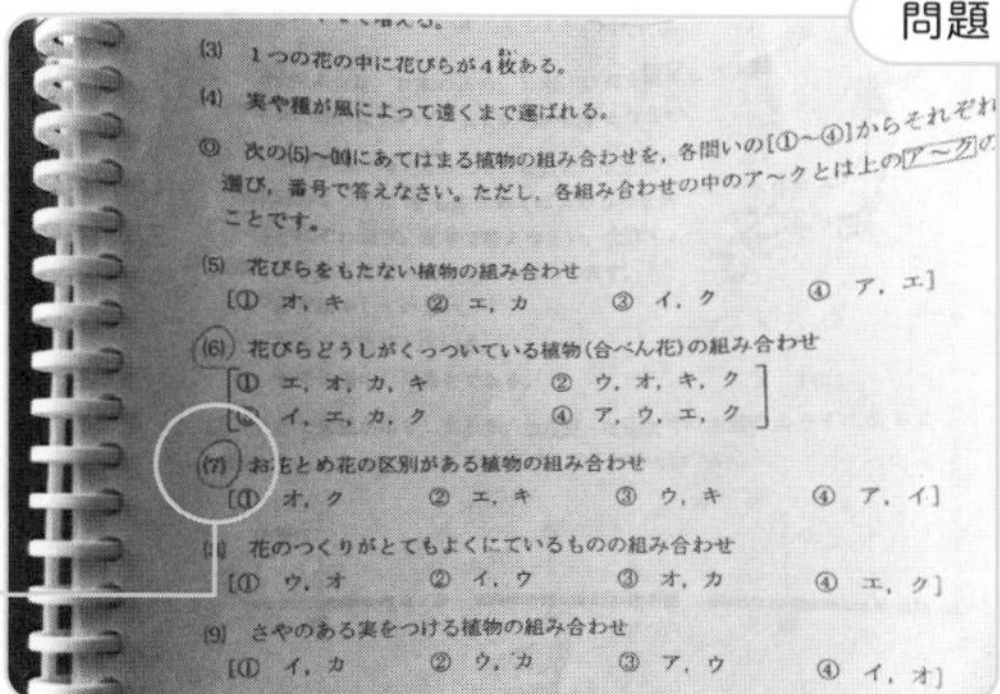

(3) 1つの花の中に花びらが4枚ある。
(4) 実や種が風によって遠くまで運ばれる。
◎ 次の(5)~(10)にあてはまる植物の組み合わせを、各問いの[①~④]からそれぞれ選び、番号で答えなさい。ただし、各組み合わせの中のア~クとは上のア~クのことです。
(5) 花びらをもたない植物の組み合わせ
[① オ，キ　② エ，カ　③ イ，ク　④ ア，エ]
(6) 花びらどうしがくっついている植物(合べん花)の組み合わせ
[① エ，オ，カ，キ　② ウ，オ，キ，ク　③ イ，エ，カ，ク　④ ア，ウ，エ，ク]
(7) お花とめ花の区別がある植物の組み合わせ
[① オ，ク　② エ，キ　③ ウ，キ　④ ア，イ]
(8) 花のつくりがとてもよくにているものの組み合わせ
[① ウ，オ　② イ，ウ　③ オ，カ　④ エ，ク]
(9) さやのある実をつける植物の組み合わせ
[① イ，カ　② ウ，カ　③ ア，ウ　④ イ，オ]

間違えた問題と、その解答に丸をつけておくと見直ししやすくなります。

解答

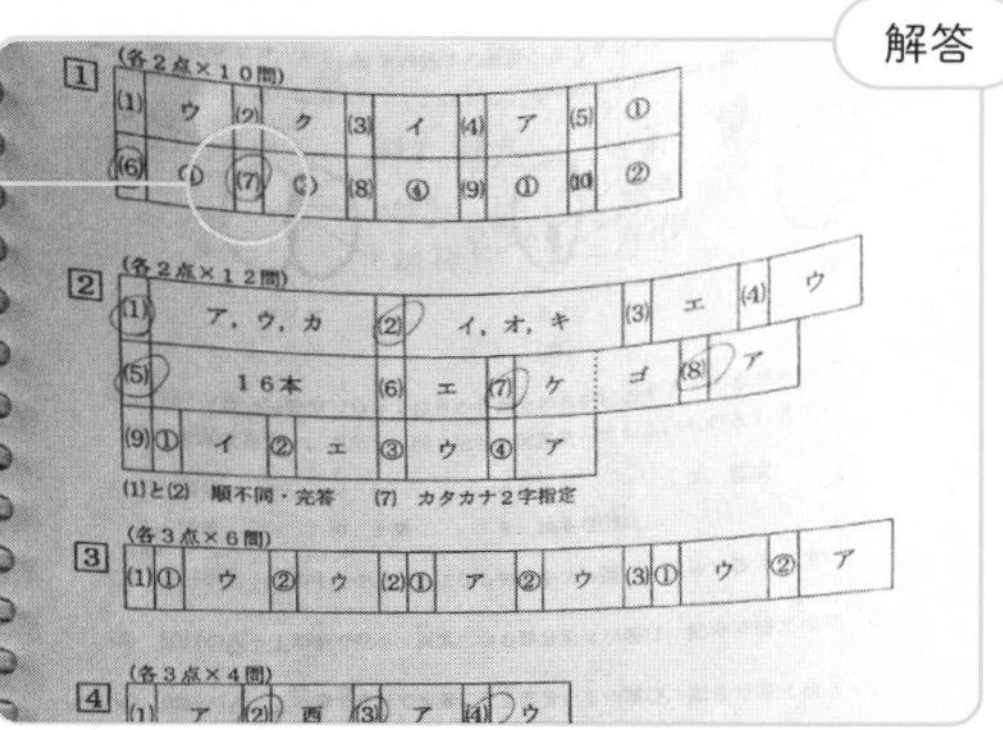

1 (各2点×10問)
(1) ウ (2) ク (3) イ (4) ア (5) ①
(6) ① (7) ③ (8) ④ (9) ① (10) ②

2 (各2点×12問)
(1) ア，ウ，カ (2) イ，オ，キ (3) エ (4) ウ
(5) 16本 (6) エ (7) ケ (8) ア
(9) ① イ ② エ ③ ウ ④ ア
(1)と(2) 順不同・完答　(7) カタカナ2字指定

3 (各3点×6問)
(1)① ウ ② ウ (2)① ア ② ウ (3)① ウ ② ア

4 (各3点×4問)
(1) ア (2) 西 (3) ア (4) ウ

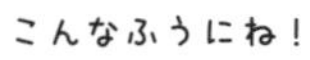

塾の宿題が終わらない

いつも宿題は終わるかな？

これね、宿題が終わらないことを責めているわけじゃないの。でも、宿題が終わらないことが当たり前になるのも、達成感が得られなくてつらいよね。だから、こんなふうに状況を改善してみよう！

①量が多すぎる

塾の先生は、自分が教えている科目の宿題を全力で出しがち。他科目からどのくらい宿題が出ているか知らないから、宿題を全科目合わせるとすごい量になっちゃう。「こんなの絶対終わらないよ～」と感じたら、優先順位をつけてもらおう。宿題が「基礎／応用／発展」でも、先生に相談したら「基礎だけでいいよ」とアドバイスをくれるかもしれません。

②わからなくて時間がかかる

わからない問題にどれだけ時間をかけても、その問題は終わりません。ある程度考えてもわからなければ、解説を読んで理解することも大切。

でも、**解説を読むと「わかった気」になっておしまいになる**から、読んだ後は解説を閉じて、もう一度自分で解いてみようね。

③スケジュールを立てていない

学校に行って、帰ってきてから塾に行って、宿題もあるしテストもあるし、場

どこから変えてみる？

合によってはお稽古事も……と、本当に忙しいよね。だからこそ、「いつ、何をするか」のスケジュールを立てよう（164ページ）。思いついたままに取り組んでいくのは大人でも難しいです。

④ダラダラ取り組むからいつまで経っても終わらない

どうしてもやる気にならないときってあるよね。テレビやゲームの続きが気になって勉強どころじゃないかもしれない。いつも10分で終わる宿題に1時間くらいかかって親に怒られてウンザリ……そんなときは190ページも参考にしてみてね。

宿題が終わらないことに慣れるのではなく、宿題が終わる量やスケジュールを立てて、毎回達成感を得よう！

宿題に手こずっている子の親御さんへ

宿題の量は塾や先生、所属クラスや選択講座によって異なります。中には一切宿題の出ない塾もありますが、多くのご家庭は「宿題が終わらない」という悩みを抱えています。

宿題が終わらない原因として、実は子どもの「体力」が大きな鍵を握ります。

塾から帰宅しても4時間勉強できるタフな子もいれば、疲れ果ててすぐに寝る子もいます。体力がない子にむりやり夜中まで勉強をさせても、学習内容が頭に入りませんし、何より体を壊します。

「それなりに元気な状態で机に向かえるのはどういうときか、どの程度か」を把握するのは、まさに親にしかできないことです。

その上で宿題との付き合い方ですが、**6年夏終わりまでは「とにかく基礎！」**です。

基礎とは、塾でいう平常授業。4年生からオプション講座もあったりしますが、それはあくまで平常授業が物足りない子向けです。平常授業の宿題が回っていないならば、その他のイベントや講座を取る必要はありません。

また、ルーティンや平常授業の宿題が終わらない場合は、宿題の「量」「難度」と、お子さんの「持ち時間」の3方向から考えます。

①ルーティン

塾から、毎日取り組むものとして算数（計算や一行題）や国語（漢字、語彙）が出されていると思います。子どもはまず、このルーティンを省きたがりますが、これらの**ルーティンに取り組み続けることによって「学習体力」が身につきます。**

ただし、子どもによって非常に時間がかかることもあるため、あまりに家庭学習の持ち時間を浸食するならば、「塾のない日だけやる」「半分だけやる」など、カスタマイズしてあげてください。

②平常授業の宿題

テキストや問題集は、基本的に難易度別に分かれています。もし、上位クラスに在籍していて、出された宿題が「基礎／応用／発展」ならば、優先順位は「基礎／応用」です。

テストは発展からも出題されるでしょうが、**発展問題ばかりに取り組んで基礎をおろそかにすると、学力は必ず低下します。**これは他クラスでも同様。時間が足りない場合は難度の高い問題から切り捨てていきましょう。

POINT

勉強はまず「体力」ありき。
その上で、わが子にあったカスタマイズを。

塾に、全然ついていけない

「先生が何を言っているかわからない」
「授業中、まったく問題が解けない」
「塾のテストで全然点数が取れない」

こういう状態で塾に行くの、つらいよね……。

そもそも中学受験塾では、小学校よりはるかに難しい内容を、とても速いスピードで進めていきます。本当は3週間かければバッチリ理解できる内容も、実際は1週間で終わらせるカリキュラムになっていて、塾に通う1人ひとりのペースなどは考えられていません。

だから、**それを解消するために「クラス分け」があります**。

生徒数の多い塾では、テストの点数によってクラスが分かれているよね。もちろん、クラスが上がるのはとっても嬉(うれ)しいと思うけれど、クラスは上になるほど授業のレベルもスピードも上がります。

板書の力を信じてみよう

もし、今いるクラスの授業がまったくわからない場合は、クラスを下げてもらうよう、塾の先生に相談するのもアリです。多くの先生は「がんばって、今いるクラスに食らいついてこい」と言うだろうけれど、授業についていけない状態が続けばテストの点数が取れなくなり、おのずとクラスは下がることになるよね。

「今のクラスのままがいい」という場合は、まず家での勉強法を見直そう。

家で宿題をするときに一番大切なのは

板書を写した授業ノート。

ちゃんと板書は取っているかな（64ページ）。もし先生の板書スピードが速くて（すぐ消されちゃって）写せないという場合は、おうちの人に電話でそのことを伝えてもらい、板書のコピーを配ってもらえるようお願いしよう。**塾についていくには、まず板書から。**

そして、**わからない問題は積極的に先生に質問に行こう。**もし、さまざまな理由によって質問できない状況ならば、第三者（個別指導や家庭教師）を頼るという手もアリ。ただしこれはお金のかかること。まずは自分自身で改善できることはないか、考えてみよう。

先生の言っていることがわからなくても、板書は取れる！
板書を見てもわからない場合は、先生に質問に行こう。

塾についていけない子の親御さんへ

授業についていけないことほど、つらいものはありません。入塾したての頃は「がんばるぞ！」と目をキラキラさせていても、一度「ついていけない」状態になるとそれが当たり前になり、授業中は座っているだけになります。授業を「早く終わらないかな」とやり過ごしている子どもたちの心中を思うと、胸が痛くなります。

塾や勉強は、がむしゃらにがんばって何とかなるものではありません。まずは、わが子と塾が合っているかどうかを客観的に見つめる必要があります。

最難関校や難関校の合格実績を前面に出す塾は、そのためのテキストで授業が展開されます。「そういう塾に入れれば、ウチの子のレベルも上がるだろう」と勘違いされる方が多いですが、断言します。

難しい問題が解けるよう（な気）になっても、簡単な問題は解けるようにはなりま

せん。むしろ、基礎がおろそかとなり、やってもやっても学力が積みあがらない……という負のスパイラルに陥ります。

塾についていけない場合の打ち手には、以下4つが考えられます。

①勉強の仕方を見直す

クラス帯や授業内容によって、家庭学習の取り組み方が変わります。学年やクラスが変化すれば、当然スケジュールも見直す必要があります。うまくいっていない場合はやり方を変えましょう。

②クラスを下げてもらう

理解できない授業を受けても何一つ身につきません。クラスを下げてもらって宿題を完璧にし、余力があれば上のクラスが解いている問題に無理のない範囲で取り組むほうが、はるかに健全です。**在籍クラスの復習テストで半分以上取れれば何とかOK、きちんと取り組んでいるのに点数が取れなければレベルが合っていません。**

③サポート体制を組む

子ども1人で勉強してきたならば親がある程度サポートする、それでも限界を感じたら個別指導や家庭教師をお願いするのも手です。中学受験専門の第三者がこれほど多いのも、それだけ多くのご家庭が困り、ニーズがあるからです。

④転塾する

子どものレベルと塾が合っていない場合は、転塾も視野に入れます。それに伴い、志望校も変更する必要が出てくることも出てくるでしょう。しかし、理想に固執せず、わが子の現状と成長を冷静に見極める目も必要です。

POINT

在籍クラスの復習テストで半分以上取れなければ、レベルが合っていない可能性も。

季節講習や特訓授業に行かなきゃだめ？

塾から季節講習や特訓授業の案内が配られると、どんな気持ちになるかな？

「もう今でも十分大変なのに……」

「全部参加しないと合格できないのかな」

など、いろいろな思いがめぐるよね。そこで、塾で開講される授業を整理してみよう。塾で開講される授業は、大きく3種類に分類できます。

- **平常授業**　いわゆる普通の授業。平日夕方、土曜日などにあります。中学受験のベースとなる内容で、一番大切です。
- **季節講習**　学校が長期休みのときにあるもの。春期講習、夏期講習、冬期講習。
- **特訓授業**　平常授業とは別内容の特別な授業。最高レベル特訓、志望校別特訓、記述力練成特訓などの名前がついています。

これらは本当にすべて必要なのかな？　平常授業以外について一緒に見てみよう。

今の自分はどっちかな？

● 季節講習

【平常授業と別カリキュラムの場合】

内容は今までの総復習となり、新規単元は扱いません。関西系の塾に多く、日中は季節講習、夕方以降は平常授業と2本立てになるので、宿題が倍になります。一番大切なのは平常授業なので、平常授業でアップアップしている場合は、季節講習はカットしてもOK。

【平常授業の代わりに開催される場合】

平常授業と同様に新しいことを学んでいきます。関東系の塾に多く、「平常授業＋季節講習」で1年の力リキュラムが完成します。つまり、授業名が変わるだけなので、休むと学ぶ内容に穴が空きます。とはいえ、体調不良や旅行で休むことも当然あるよね。その場合はいたずらに不安にならず、別の機会で穴埋めすれば大丈夫！

特訓授業

6年夏が終わるまで、一番大切なのは「平常授業」。平常授業がしっかりと理解できて、宿題やスケジュールに余裕があるならば特訓授業を受けてもOK。逆に、特訓授業を取ることで平常授業が疎（おろそ）かになるならばNGです。

6年夏までは、一番大切なのは平常授業。
それ以外の授業は、
平常授業に余裕がある場合のみ検討しよう。

夏期講習や特訓授業が必要かどうか気になる親御さんへ

塾の授業は「平常授業」「季節講習」「特訓授業」の3つに分類されます。多くの塾では、中学受験の出題範囲は平常授業で扱い、6年夏で一通りのカリキュラムが終わるように組まれています。よって、6年秋が始まるまでは「平常授業」が最優先となります（季節講習の詳細は117ページ）。

しかし、「最高レベル特訓」「御三家特訓」「前期日特」などのオプション講座の案内をもらうと、しかも上位クラスの子たちほど参加しているとなると「この講座を取れば賢くなるのでは」「この講座を取らないと遅れを取るのでは」と思いがちです。塾からは「できるだけ参加するように」とも一言添えられるので「参加しなければならない」との思いこみも生じがちです。

実際はどうなのでしょうか。

特訓授業を受講して意味があるかどうかは、まず「平常授業が回っているか否か」で判断します。つまり、平常授業がきちんと理解でき、宿題も終わり、復習テストも点数が取れている状態です。

特訓授業を受講すれば、当然そのぶん時間が取られ、宿題も増えます。よって、平常授業だけならば回っていたのに、特訓授業を受講したら余裕がなくなり、平常授業も特訓授業も中途半端な取り組みになってしまった……という場合はオーバースペック、特訓授業は不要です。

塾によっては、5年生から志望校別特訓、日曜特訓も開講していますが、これも同様の考え方となります。特に受講資格の厳しい特訓授業は、その資格が得られると「これを逃すと受講できない」と焦りがちですが、難しい問題が解けるようになっても、基本的な問題が解けるようにはなりません。

基礎が抜けた状態で宿題の難問が解けるのは単に「授業で習ったことを覚えている

状態」、つまり暗記なので、すぐに解けなくなります。

6年秋からは志望校別特訓が始まりますが、**本当に意味があるのは「灘特訓」「SS開成」「NN桜蔭」といった学校名のついたもの。**これらは塾が威信をかけて入試問題を分析し、授業で対策してくれますが、「難関校特訓」のようなさまざまな志望校の生徒を集めた講座では志望校対策をしてくれず、関係のない学校の過去問を解かされることもしばしば。「難関校特訓」を間引く場合は、かわりに家でやることを明確にしましょう。もしそれがわからなければ、参加するほうがベターにはなります。

オプション講座の受講は、「平常授業が回っているか否か」で判断する。難しい講座に参加しても、基礎学力は身につかない。

過去問の有効な使い方、教えてください！

第一志望について、次のような2通りの状況があります。きみはどちらが嬉しい？

（A）志望校判定模試＝合格率80％　過去問が半分も取れない

（B）志望校判定模試＝合格率50％　過去問が7割近く取れる

（A）が嬉しい！　と思うかもしれないけれど、合格に近いのは断然（B）です！

さて、過去問って、何のためにあるのかな？　もしかして、

「志望校の入試問題を集めただけでしょ？」

「とりあえず解くように指示が出てるからやってるけど……」

としか思っていない!? でも、過去問は合格の秘訣が詰まった宝箱なんです。

たとえば、**「武蔵」「駒場東邦」「早稲田」「早大学院」は同じ偏差値だけど（四谷大塚2023年度結果偏差値より）、入試問題のタイプが全然違う。**

過去問で個性をつかめ！

たとえば算数。駒場東邦は模試のように、解答だけ記入すればいい問題がほとんどだけど、武蔵は解き方を書かないと点数がもらえないし、なんと問題文が手書き！

「早稲田」と「早大学院」はどちらも早稲田大学の附属中学なのに、問題のタイプが全然違う。

入試問題は、学校によってものすごく「個性」があるんです。

だから、過去問を解く前にまず、志望校の個性を知らないといけない。具体的には、

- **制限時間と問題量**
- **記述アリかナシか**
- **何点で合格できるのか**
- **どの分野がよく出るのか**

を分析する必要があります。だって、算数の計算1問に4分かけられる学校と2分しかかけられない学校とでは、問題を解くスピードも、問題の取捨選択レベルも全然違うでしょ？　分析方法は126ページに載っているので、おうちの人と一緒に読んでね。

POINT

模試の判定より過去問でいかに点数が取れるかが大切！
過去問はがむしゃらに解かず、学校ごとの傾向を知ろう。

過去問の有効な使い方を知りたい親御さんへ

6年生の模試は12月が最後となります。「最後まで模試で80%が出なかった……」と落ち込まれる方が非常に多いのですが、6年生の秋以降は模試の結果ではなく（学校別オープンは除く）、過去問の出来のほうがはるかに重要です。というのも、入試問題は学校によってカラーが異なるからです。

とはいっても、8月や9月にポッと解いた第一、二志望の過去問で点数が取れるわけがありません。模試とは勝手が違うのです。よって、**模試で合格可能性80%だったのに過去問ボロボロ、合格可能性50%だったのに過去問で合格最低点クリア、ということが出てきます。**

多くの塾では、6年夏に中学受験の範囲を一通り終え、9月から本格的に志望校対策が始まります。つまり、ここから志望校の過去問で点数が取れるようにもっていくのです。そのためには、**がむしゃらに過去問を解くのではなく、戦略的に取り組む必要があります。**

①制限時間と問題量

「処理速度」は学校によって異なります。1問あたり何分かけられるか、問題文の長さはどの程度なのか。学校によって解くスピード、見直しにかけられる時間を考えましょう。

②解答に記述アリかナシか

志望校の解答用紙を見れば一目瞭然(いちもくりょうぜん)です。基本的に、模試は記述問題が手薄なので、記述が必要な学校を受験する場合、制限時間内に採点官に伝わるように書く練習が必要となります。

③何点で合格できるのか

合格最低点(合格ライン)は学校によって異なります。多くの学校は7割取れていれば合格ですが、中には8割以上必要な学校や、5割で合格できる学校もあります。学校のホームページや赤本に載っている場合と、合格最低点は非公開でわからない場合があります。

④どの分野がよく出るのか

学校によって頻出分野は異なります。もし苦手単元が頻出ならば、徹底的に鍛える必要があります。一方、出題されない分野は取り組む必要はありません。

大切なのは、親が必死に分析して一方的に①～④を子どもに伝えないこと。それでは「自分ごと」になりません。赤本を購入したら、必ず親子で一緒に分析しましょう。

POINT

入試問題は学校によって傾向が異なる。
学校ごとの傾向は、親子で一緒に分析・把握する。

過去問で全然点数が取れない(泣)

初めて解いた過去問はどうだったかな?

解いている最中　「お、案外イケるかも」「全然わからない……」

解き終わってから　「結構楽勝かも」「全然解けなかった……」

採点後　「あれ?　思ったほど取れてないぞ」「あぁ、もうダメだ……」

毎年、だいたいみんなこんな感じです。

そもそも、初めて解いた過去問は、その学校の志望順位や偏差値や模試の判定がどうであろうと、思うように点数は取れないもの!　**だから「模試の結果で80%だから余裕だと思っていたのに……」とショックを受ける必要はまったくナシ。**

本当のスタートはここからだ！

まず、**間違えた問題から、「解けそうな問題」「取らなきゃいけない問題」を探そう。**

いつものテストと同じように、きっとミスも多いよね。字が雑じゃないかな？「もう少し時間があれば解けたのに」というものもあると思う。

その上でどこを間違えたのか確認して、解き直してから、もう1回点数を集計してみよう。大切なのはここから。

● 点数が上がった場合

その学校の過去問にまだ慣れていないだけ。解き慣れているA校と同じようにB校を解いても、うまくいきません。

122ページでも話したように、入試問題は学校によってさまざまだから、**各学校の〝個性〟に慣れていこう。**それが「過去問対策」です。

あまり点数が変わらない場合

過去問を解くタイミングが早すぎるのかも。**ちなみに6年の春や夏休みなんて、まだまだ取れないから！** その頃にボロボロだった過去問を11月に解いてごらん、グッと点数が上がるはず。それくらい、きみはどんどん成長しているの。もし6年生の12月にこの状況だったら、それは塾の先生に相談しよう。どうすればいいか、きっといろいろな指針を出してくれるよ。

模試の判定や志望順位とは関係なく、初めて解いた過去問は点数が取れないもの！まだまだ大丈夫だよ！

過去問で全然点数が取れない子の親御さんへ

模試の判定で80％が出ていて、塾からも「この学校は押さえになります」とすすめられた第四、五志望。でも、その過去問を解かせてみたところ合格最低点に到達せず、真っ青——このような経験をされるご家庭は少なくありません。

100点満点のうち、合格者平均が80点、受験者平均が70点、なのにわが子は50点——初回はそんなものです。

そもそも、これら各平均点は、まだずっと先である「入試本番」という、受験生のピーク時のデータです。

125ページでもお話ししたように、入試問題は学校によってカラーが異なります。たとえ完璧に分析済みで「この学校はスピード勝負だから、わからない問題はどんどん飛ばすのよ！」とアドバイスをして子どもに解かせたところで、子どもはそれほど器用に解き分けることなどできません。

各学校の過去問に対して、**わが子の食いこみ力が見えてくるのはだいたい2〜3年（回）分解いてから。**逆に、初回の過去問で点数が取れても、別年度の過去問で同じように取れるとも限りません。

過去問を重ねるごとに子どもが「点数の取り方」を体得して点数が少しずつ上がる場合は、どうぞ焦らないでください。

悩ましいのが10点ほどしか取れず、どれほど見直してもがんばって30点くらいしか取れない……という場合。これが6年春ならば、単に解くタイミングが早すぎるだけですが、もし秋でこの状況ならば、子どもとその学校のレベルが合っていません。そこは大人が冷静に判断する必要があります。

加えて、頻出分野対策はできているかどうか。立体切断が毎年大問で20点分出題されるのに、苦手で手つかずならば、過去問は一旦ストップ。立体切断に徹底的に取り組み、ここで15点積めるような力をつけてから、過去問再開です。

このような分野・単元を見落としていませんか？

わが子と学校のレベルがまったく見合っていないが、本人の強い意志など、さまざまな理由でその学校を第一志望として受けるという場合は、何はなくとも第二志望以下をしっかり固める必要があります。

第一志望の過去問は併願校の過去問が盤石になってから、併願校対策の負担にならない範囲で取り組むようなスケジュールを立てましょう。

POINT

点数が取れないことを嘆くのではなく、
その「理由」を分析する。
子どもは学校のカラーに慣れるのに時間がかかる。

一緒の気持ち
わかってる
自分でやるって言ったよね
そこは自分で
決めることだよ
わかってるって
わかってるんだ
ママ これ…
テスト結果
ママが一番
うれしいのは
ぼくがうれしい
あの問題
できたんだあ!!
ときだって

パパもママも

あーここで
10点ロス
してる

できたところを
ほめてくれたら

パパの時代は
もっとずっと

んなこと言っても
興味ないのに

マルつけ
ちゃんとしてね

……

これ
名著

のりこえ系ものがたり

がんばれるよ

がんばってるのに

起きてる？

あー
イライラする

ママ
しつこ過ぎた

でも
応援して
くれてるの

許すまじ

オッ古典
先取りか

ホントは
わかってる

ウザ

行きたい学校が決められない

行きたい学校を選んで、そこに「行きたいです！」と意思表明する（受験する）のは、中学受験を選んだきみの特権です。

でも学校を選ぶとなると、これが実に大変。最初は「名前を聞いたことがある」「友達が行くって言ってる」といった理由で学校にあたりをつけてはみるものの、いざ本気で学校を調べ始めると「ナニガナンダカワカラナイ」。

実際に通うのは自分。だから中学生になって「こんなはずじゃなかった」にはなりたくないけれど、**「どんな中学校生活を送りたい？」と聞かれても、漠然としかわからない。** だって、中学校がどんなところなのか、中学生の生活がどんなものか知らないし、「この学校に通っている自分が想像できる？」と聞かれても、「この制服を着て、電車やバスに乗って通うのかぁ」くらいしかわからないかもね。

書いてあることより、感じたこと

もちろん、学校を選ぶ基準はいろいろあります。通学時間、男子校か女子校か共学校か、進学校か大学附属校か、部活、課外活動、修学旅行、留学制度、学食、進学実績などなど。

でも、第一志望に進学したけれどつらそうにしている子、第○志望に進学したけれどイキイキとしている子……そんなたくさんの教え子たちを見てきて、大切だなと思うことがあります。

● わかりあえる友達と出会えそうか

学校の雰囲気ともいえます。文化祭や体験会などでチャンスがあれば、何人かの在校生に話しかけてみよう、いろいろ質問してみよう。

「親切だな」「不愛想だな」「チャキチャキして

るな」「おっとりしてるな」など、学校による生徒のカラーが見えてきます。学校説明会でステージに上がる生徒は選ばれし精鋭たちだから、彼らのことは少し距離をおいて眺めよう。

勉強についていけそうか

中学・高校は勉強をする場所です。その内容、レベル、進度はさまざまで、勉強についていくだけで必死だと、学校を楽しい場所と思えなくなってしまいます。在校生への質問で、学校の勉強が大変か、そうでもないかをよく聞いてみよう。**「中学受験のときと今、どちらが大変ですか？」**と聞くと、イメージがわきやすいよ。

POINT

「学校の雰囲気」と
「勉強についていけそうか」だけは外せない！

志望校が決められない子の親御さんへ

〝学校が決められない〟にも、さまざまなパターンがあると思います。いいなと思っている学校はあるけれど、それ以外の学校がよくわからない。あるいは、文化祭や学校説明会に行ってみたけれど、どの学校も素敵、もしくはピンとこない……。

そんなときの指針になるのが「家庭教育の軸」にはなりますが、その話は153ページに譲るとして、学校を選ぶときにまず広げるのが偏差値表ではないでしょうか。

たしかに偏差値表は試験日程ごと、レベル別に学校が網羅されていて、全体を俯瞰するのにとても便利です。**でも注意したいのが「偏差値で学校を選ぶこと」**。偏差値はあくまで「模試の結果」であり、入試問題の難度ではありません。まして、そこから学校の姿、教育理念などを知ることは一切できません。

学校を選ぶにはさまざまな基準があります。進学実績や指定校推薦枠が気になるご家庭も多いと思いますが、重要だと思う観点をお伝えします。

距離

ドアツードアで何分かかるか、公共交通機関の混雑状況はどうか。子どもが通うことになる時間帯に乗ると、実際の混雑度がわかります。体力のある子、また成長とともに体がガッシリしてタフになってくる男子は、片道1時間以上でも元気に通っています。逆に体力のない子は、通学、授業、部活でヘトヘトになり帰宅してから勉強に向かう気力が残っていない、朝暗いうちから起きるのが次第に億劫になってくる、ということもあります。

校風

宗教も関係しますが、どのような校風であれ、中学は高校と比べると締め付けが厳しめになります。また、新興校はトップ（校長、運営母体）が変わると校風がガラリと変わることもあります。しかし当の生徒たちは校風などどこ吹く風、別の世界観で学校生活をカスタマイズして楽しみます。それよりも大切なのは生徒たちの醸し出す雰囲気です。**登下校風景は生徒たちの〝素〟の姿を見ることができます。**

勉強

授業のスピード、レベル、宿題の量は言わずもがな、**中1で重視したいのが「科目数」です。**中学に入ると主要教科だけで一気に10科目以上になる学校もあります。勉強が大変か否かを、渦中にいる中学生、全体を俯瞰できる高校生それぞれ何人かに聞くのがおすすめです。

念願の志望校に進学しても不登校になる子、不本意と思って進学した学校で水を得た魚のようになっている子などたくさん見る中で、すべては〝在校生がイキイキとしているか〟に尽きると考えます。これはホームページやパンフレットではわかりません。文化祭や学校説明会ではぜひ、在校生たちの目の輝きを見てください。

偏差値表はあくまで「模試の結果」であり、
学校そのものは見えてこない。
在校生がイキイキしているかどうかがすべての鍵。

通わない学校を受ける意味あるの？

入試日は、住んでいる地域や入試の種類によってちがいます。一般的には、帰国生入試は11月から、年が明けて1月早々にいくつかの県から始まって、第2土曜は関西の統一解禁日。そして2月1日はもっとも受験者数の多い東京・神奈川の入試が始まります。

みんな、「熱望校」「第一志望」などいろいろあると思うけれど、「その1校しか受けない」というケースは少ないんじゃないかな。きっと他の学校も受験すると思います。だって、素敵な学校、行きたい学校はたくさんあるもんね。

そうやって「受験カレンダー」を考える中で、塾の先生から「行きたい学校以外の受験」をすすめられることがあります。それは、本命の入試日より前に入試が実施される学校。

ここで、きみもおうちの人も思うよね。
「通わない学校の入試なんて、どうしてすすめられるんだろう？」
でも、実は理由があるんです。

今まできみは、たくさんのテストを受けてきました。中でも、クラス分けに関係あったり、志望校判定が出るテストなんかは、すごく緊張して受けたと思う。

でも、**入試は今まで一度も受けたことがありません。**入試会場のピンと張り詰めた空気は、今までのテストとはまったく違います。そんなときに、自分がどういう状態になるのか——緊張して気持ちが悪くなったり、トイレの場所がわから

“本番の自分”を知る方法

なくてパニックになったり、知らない子の発言が気になったり……これは入試本番を経験しないとわからないことです。

だから、**入試本番で自分がどのような状態になるかを知るために、先生たちはすすめている**んです。そこで「いつもと違う自分」と出会ったら、本命の入試までに手を打てるでしょ？

ある子はお腹が痛くなったので、次の入試からは水なしで飲める痛み止めを必ず持っていくことにしました。頭の中が真っ白になった子は、緊張をほぐすために好きな香りをコットンにしみこませて、休憩時間に香りをかぐことにしました。

これは入試を経験したから生み出せたアイディア。だから私は、本命前に入試を受けられる機会があるならば、受験をすすめています。

入試本番で自分がどうなるかなんて、誰にもわからない。
本命前の入試を受けると、
想定外の事態への対処法を考えられる。

進学しない「本命前受験」に疑問を持つ親御さんへ

入試日は地域によって異なります。その日程差を利用し、塾では本命受験前の入試機会を活用するような併願校をすすめられます。関西入試が本命ならば北海道や岡山県、東京・神奈川ならば埼玉県や千葉県などの入試がそれらに該当します。

遠方にあっても寮を完備しており、進学先の1つとして候補に挙がる学校もありますが、すすめられる学校の多くは「合格しても進学しない」という位置づけです。もちろん、その学校を本命として受験する子もいるので失礼な話でもありますが、実は学校側もそのことをよくわかっています。大きなホールや大学を試験会場として用意し、合格辞退がたくさん出ることを見越して合格を多数出すのは、学校にとって入試検定料が重要な収入源だからです。

「合格しても進学しないのに何のために受験するのか」という質問を非常にたくさんいただきますが、理由としては2つあります。

①本番を知る

子どもたちは今までに数多(あまた)の模試を受けていますが、入試本番の会場の様子、緊張感はその比ではありません。駅から学校までの道中、入試会場の雰囲気は独特です。その初戦で、緊張から腹痛を起こしたり鼻血が出たり、隣の席の子が気になったり、トイレを見つけられなかったり、科目間の切り替えができずパニックになったり……。

本番で自分がどのような状態になるかを知れば、本命で力を存分に発揮できるように、それらの事態に対して手を打つことができます。

②手ごたえと仕上がりを知る

多くの模試は12月で終了となります。実はここから本番までの1か月で子どもは大きく伸びていくのですが、それを客観的に知る手がかりがありません。そこで、「得点開示」のある学校を受験することをすすめています。**「すごくできた!」と言いつつ点数が振るわなかった場合、なぜそのようなギャップが起きたかを分析し、手を打つためです。**

ただし、すでに本命に合格しているのに、塾の実績作りのための「トロフィー受験（最難関校・難関校受験）」は話が別です。「合格してもウチは進学しないから繰り上げ合格があるでしょ」と思うかもしれませんが、トロフィー受験組の合格によって不合格になった家庭は、その後受験する学校のラインナップが変わってきます。

本人が「ここまでがんばってきたのだから、思いっきり力を発揮したい」と強く思うならば、このようなことを一度きちんと話した上で受験するか否かを判断させればいいと思います。「自慢のネタ作りに」「お世話になった塾への恩返し」と思われたならば、受験生は皆同志であり、わが家が逆の立場だったら……ということに想像力を働かせてほしいと思います。

POINT

本命前受験は、機会があるならばすべき。
「得点開示」のある学校は、
より本番のパフォーマンスを把握できる。

第2部
メンタルの悩み

中学受験って、しなきゃダメですか？

日本では、小学校と中学校は「義務教育」といって、誰でも住んでいる地域の公立学校に進学することができます。みんな、中学受験しなくても、必ず中学生になれるんだよ。

だから、中学受験する子が1人もいなくて、みんな同じ公立中学校に進学する小学校もあれば、クラスの半分以上の子が中学受験して進学先はいろいろ、という小学校もあります。周囲が受験しなくても、おうちの教育方針によって中学受験することもあるよね。

じゃ、中学受験ってそもそも何なんだろう？

「メリット」「デメリット」を一緒に考えてみようか。

メリット

- 行きたい学校を選ぶことができる（入れるのは入試で合格した学校のみ）
- 小学校では扱わない、広く深い勉強ができる
- 正しく取り組めば、学力的にも精神的にも大きく成長できる

デメリット

- 勉強の内容が難しく、量も多くて大変
- 遊ぶ時間や、自分のやりたいことが制限される
- ストレスがたまったり、親子・家族関係がぎくしゃくすることがある

どちらもこれだけじゃないけれど、**一番大切**

「やりたい」こそ「正解」

なのは「きみが中学受験をしたいと思っているかどうか」。

「絶対に行きたい学校がある」「中学校でやりたいことがある」という強い意志を持って始めても、大量の宿題や度重なるテスト、クラス昇降などで心が折れることはたくさん出てきます。がんばっても点数が上がらない、努力が報われない、「こんなはずじゃなかった」もたくさんある。それでもやろうと思えるかどうか。上を見るのではなく、前を向けるかどうか。

〝やりたくないのにやらされている中学受験〟はつらいだけ。自分が本当はどうしたいのかじっくり考えてみよう。「やっぱり違う」と中学受験をやめるのは、逃げなんかじゃないからね。

やりたくないのにやらされている中学受験はつらいだけ。
中学受験はしてもしなくても、どちらでもよい受験だよ。

「中学受験しなきゃダメ?」と子どもに聞かれたら

カウンセリングでは子どもだけでなく、必ず親御さんにも「なぜ、中学受験をされるのですか?」とお聞きします。

みなさん、何とおっしゃいますか? あるいは、わが子に「どうして中学受験しなきゃダメなの?」と聞かれたら、なんと答えますか? 一旦、本を閉じて、口に出して言語化してみてください。

中学受験は〝しなくてもよい受験〟です。

その上で中学受験を選択されるのには、さまざまな理由があると思います。

充実した中高6年間、魅力的な学習カリキュラム、濃密な空間で得られる仲間といった未来でしょうか。あるいは、学習習慣、高い学力、困難を乗り越える経験といった中学受験期の人間的成長でしょうか。もちろん、やってみなければわからない面もたくさんあります。

また、長い人生の中で、中学受験は通過点でしかないと頭ではわかっていても、わが子の13歳以降を想像するとき、そこに何かしらの確約がほしい、とつい思う親心にスルリと入りこんでくるのが中学受験なのかもしれません。

では、**中学受験で理想通りの進学先を確保すれば皆バラ色の人生を歩んでいるかといえば……それほど単純ではないのも理解されていると思います。**それらがわかっていても、どうしても視野が狭くなりがちに、結果に固執（こしつ）しがちになってしまうのが中学受験の難しいところです。

人は、新しい世界を知ること、学ぶことによって成長していきます。それらに目をキラキラ輝かせていたわが子が、中学受験の勉強が進むにつれて目から生気がなくなり、勉強はつらいもの、したくないもの、させられるものになっていったら……勉強は中学・高校も続いていきます。残念ながら「今さえ乗り切れば」とはなりません。

加えて、「わが子の良い面を伸ばすため」と始めた中学受験が、難度が高く量の多い家庭学習や、何でも数値化されるテストを前に「わが子のダメなところばかり目につく」状況をもたらし、それが親子どちらもの自己肯定感を壊してしまったら……もはや何のための中学受験かわかりません。

中学受験は、正しく取り組めば、子どものさまざまな成長をもたらし、家族の絆（きずな）を深めます。しかし、方向性を誤ると代償は大きくなります。

中学受験で遭難しないためには、「どういう人間になってほしいか」という「わが家の軸」が必要となります。それは、お子さんの名前を考えていたときにヒントがあります。その軸を掘り下げて考えたときに、「わが家に中学受験は必要ない」となるかもしれません。子どもの成長速度は１人ひとり違います。

ぜひ一度、家族で「わが家の軸」を、とことん話し合ってみてください。

POINT

中学受験はどうしても視野が狭くなりがち。遭難しないためにも「わが家の軸」が必要。

がんばっているのに成績が上がらない

がんばっているのに成績が上がらない——つらいよね。

……そこにはこんな理由があるのかな、って考えてみました。

①がんばり方が間違っている

勉強に限らず、うまくいかないときは「やり方を変える」のが基本。だから、勉強の仕方が間違っているのかもしれない。

たとえば算数。20ページに書いた取り組み方をしているかな？

「全部あてはまっているけれど成績が上がらない」ときは、私に連絡をください。きみの解いた問題用紙や宿題ノートを直接チェックして、なぜ上がらないかを一緒に考えよう。ただし、本当に全部できているか、おうちの人と一緒にチェックしてね。

また、成績に直結するがんばり方は、人によっても異なります。

たとえば国語。テスト範囲の漢字を、1回で覚えられる子もいれば、10回書いても半分しか覚えられない子もいます。

「いつもがんばっているのに、満点が取れない」ならば、〝がんばっている〟という感覚的なものさしで自分を評価せず、どういう覚え方、書き方を何回すれば自分が満点が取れるのかを探ろう。

漢字表を壁に貼るのがいいのか、机に向かうのがいいのか、アプリで覚えるのがいいのか、やり方は人それぞれだよ。

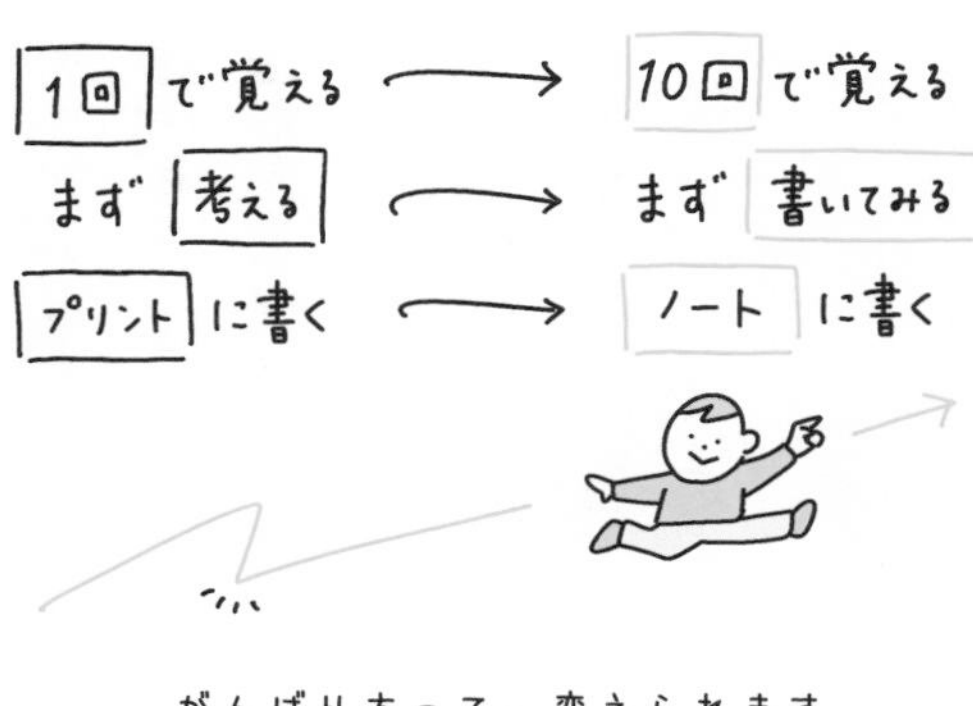

がんばり方って、変えられます

②本当は力がついているのに、実感できていないだけ

これは6年生、特に塾で下のクラスにいる場合に多く見られます。最難関校・難関校でない限り、**多くの中学校は入試で基本的な問題が取れれば合格できます。**でも、6年生の模試は基本問題があまり出なくて、応用、発展問題がズラリ。だから、**志望校に合格する力はついてきていても、模試で解ける問題があまりなくて、むしろ偏差値が下がっていく……というように見えてしまう**んです。

そんなときは、1年前のテストを出してきてごらん。もちろん、忘れて解けない問題もあるだろうけれど、解ける問題も増えているはず。ぜひ、おうちの人と確認してみてね。

POINT

がんばっても成績が上がらない場合は「やり方を変える」。
6年の模試は難しくなるから、
基礎力がついても点数が取りにくい。

がんばっているのに成績が上がらない子の親御さんへ

がんばりは「人と比べるもの（相対評価）」ではなく、「自分の中で比べるもの（絶対評価）」です。よって、以前解けなかった問題が解けるようになれば、それはがんばりが学力に結びついています。しかし、テストでその問題が出題されない限り、成績としては表れません――という前提の上で、「こんなにがんばっているのに成績が上がらない」理由を、ハード面・ソフト面それぞれから考えてみましょう。

●ハード面の原因

「子ども」と「学習内容・テスト」のレベルが合っていない場合、成績は上がりません。もし、上位クラスでアップアップしているならば、適切なレベルのクラスにしてもらうことで確実な力がつきますし、それを実感できます（113ページ参照）。

逆もしかりで、上位層も受けるテストでは、下位クラスの子は学力向上の手ごたえを感じにくくなります。がんばりが身についているか否かを知りたければ、適切なレベルのテストを受ける必要があります。

志望校が中堅校・標準校の場合、6年の模試はどうしてもつらい結果続きとなります。しかし、基礎が身についていれば、志望校の過去問は取れるようになりますし、合格もできます。

ただ、初めから子どもにそう伝えてしまうと、「どうせ取れない」「解けない」という姿勢で模試に臨んでしまう可能性があります。模試は常に全力で挑み、その中で自分に解ける問題だけでもしっかり取る、という練習だと位置づけましょう。

●ソフト面の原因

勉強の仕方は塾では教えてもらえず、どのご家庭も我流になります。一見、みな同じように取り組んでいるように見えても、実際のやり方はさまざまです。

算数については、20ページに詳しく書きましたし、基本は他科目も同じです。もし勉強の仕方がわからなければ、塾の先生に聞いてみてください。「うまくいかないときはやり方を変える」が基本です。

そして一番大切なこと――お子さんの「がんばれる量」をご存じでしょうか？

胃袋をイメージするとわかりやすいと思いますが、小食の子にむりやりカツ丼3杯を食べさせたら、吐くか体調を崩し、それがトラウマとなってカツ丼を見るだけで吐き気をもよおすかもしれません。だから私も、1回の授業で進める量、出す宿題は子どもによって調整します。

がんばれる量、キャパシティは人によって異なります。 学習内容を定着させるためには、消化できる量の見極めが何より大切です。

学力向上と成績表は必ずしも一致しない。
「がんばれる量」は子どもによって異なる。

学校の友達

遊ぶ予定もないし
来月から塾通う
サッカーできねーな
話すネタも減った
新キャラすごくね？
まだ見てないわ
減ったぶんだけ
あーそうだった
天然か！
めっちゃわかった
今日、一緒に帰れるっけ
帰れる！
この時間がこんなに幸せなんだって
んで弟がさ…
ガチか
ギャハハ

受験の友達

①
遊ぶ予定もないし
あの模試受ける？
うん、来週だよね

②
正直、素直に喜べない
Aクラスになったよ
いいなぁ…

③
楽しい話ばかりじゃない
最近
全然眠れないんだぁ

④
だけど きっと
この幸運の玉を授けよう

⑤
私たち
受験終わったら
ずっと
パーッと遊ぼーね
友だちだ
チョコボーラー
チョコボーラー

スケジュールって、どうやって立てるの？

日々勉強お疲れ様！

ところで、今日は何を勉強するのか、自分で把握できているかな？　え？　いつもおうちの人が用意したものをとりあえずやってる？　気の向いたものに取り組んでいる？　うん、そういう子も多いと思う。

ところで、「スケジュール」って言葉、聞いたことあるかな？　もしくは、どんな意味か知っているかな？

スケジュールは、簡単にいうと「予定表」のこと。

小学生はとても忙しいし、中学受験に必要な勉強は多いよね。だから、「いつ、何をするか」の予定を立てないと、何をすればいいかわからなくなっちゃうの。

スケジュールは自分を楽にするもの

そして、スケジュールは必ず紙に書いて、見えるようにしておくべし！　じゃないと忘れちゃうからね。

さて、スケジュールは1か月、1週間、1日と、期間によって内容や目的が変わってくるけれど、**一番大切なのは「1週間のスケジュール」。つまり、何曜日に何をするかを決めることです。**

このスケジュールはきみ専用のもの。きみの気持ちや事情を無視して、おうちの人が勝手に立てちゃ意味がないの。でも、きみ1人で立てるのはまだ難しいかもしれない。だから、おうちの人と一緒に1週間のスケジュールを立てることをおすすめしています。

スケジュールを立てるコツは、勉強一色にしないこと。月曜日から日曜日まで、勉強ビッシリのスケジュール表を見ても、やる気になんかならないよね。

そのために、「自分が元気にがんばるための休憩」と「勉強が予定通り終わらなかった場合の予備勉強時間」を作っておこう。どれくらい必要かは、おうちの人と相談しようね。

そして、そのスケジュールに沿って取り組んでみて、うまくいかなかったらスケジュールを見直そう。試行錯誤しながらスケジュールを立てていく力は、中学生、高校生になっても重要になってきます。

POINT

1週間のスケジュールをおうちの人と一緒に考えよう。「休憩」と「予備勉強時間」を忘れずに！

スケジュールの立て方がわからない子の親御さんへ

スケジュールは立てていますか？　おそらく、親御さんが一方的に組まれているご家庭が多いのでは、と思います。しかし、得てして親が組むスケジュールは、子どものキャパシティを無視し、大人の理想を詰めこんだ「机上の空論」になりがちです。

6年生になって「受験が自分ごとにならない」というご相談を多数受けますが、中学受験を自分ごとにする第一歩は、〝スケジュールを一緒に立てること〟からです。

スケジュールは、次の手順で立てます。

①1週間を見える化する

横軸が月曜から日曜、縦軸が朝から晩の時間軸になった予定表を用意し、「睡眠」「夕食」「学校」「塾」など決まっているものを書きこんで、空いている時間を面で可視化します。

②勉強の全量を把握する

塾通いの場合は、塾のカリキュラムに沿って進めることになります。まず、各科目でどの程度の宿題が出ているかを把握しましょう。宿題を指定したプリントが配られる塾はいいのですが、そうでない場合は、子ども自身もきちんと宿題を把握できていないケースがほとんど。宿題として何が出ているか、必ずノートに書いてこさせましょう。

③各宿題の所要時間をはかる

やりがちなのが、どの程度時間がかかるかを把握せずにいきなりスケジュールを立てること。

「月曜日：算数」と予定を立てても、その宿題に6時間かかるかもしれません。まず各宿題を実際に解いて時間をはかりましょう。6時間かかるならば、3日に分けて2時間ずつ、30分で終わる宿題は隙間時間で取り組むなど、現実的な時間配分が見えてきます。

④①の空き時間に③を埋めていく

②の中で優先順位をつけ、優先度の高いものから①の空き時間に埋めていきます。ただし、**「息抜き」「バッファ（未消化分に取り組む時間）」はとても重要です。**ギチギチのスケジュールにならないよう、常に注意しましょう。そして、実際はスケジュール通りにはいかないと一歩引いておくことも大切です。

スケジュール作成力は一生モノ。行事ごとや単元の難度によって、うまく回ったり回らなかったりします。2～3か月様子を見て、その都度軌道修正もしていきましょう。

POINT

スケジュールは親が一方的に立てない。各宿題の所要時間をはかってから立てるのが肝。

1週間のスケジュールを立てよう！

ホワイトボードタイプ

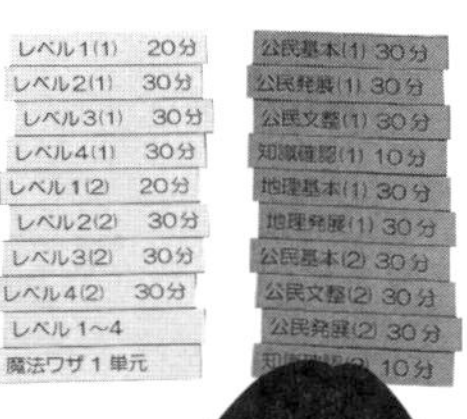

やることとそれにかかる時間を記入したマグネットを用意。科目別に色を変えるとわかりやすい。

やることを
色ごとに
「見える化」
してるよ！

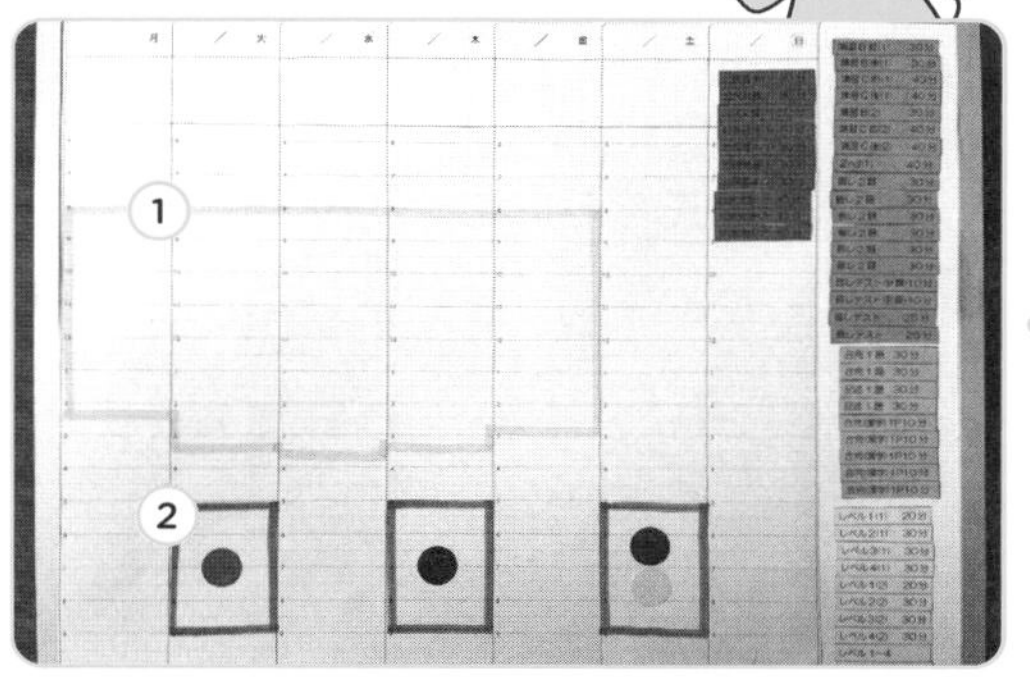

①の囲みは学校の時間。②は塾の時間。囲みのない所がきみの持ち時間。**遊びの息抜き時間も、バッファも大事！**

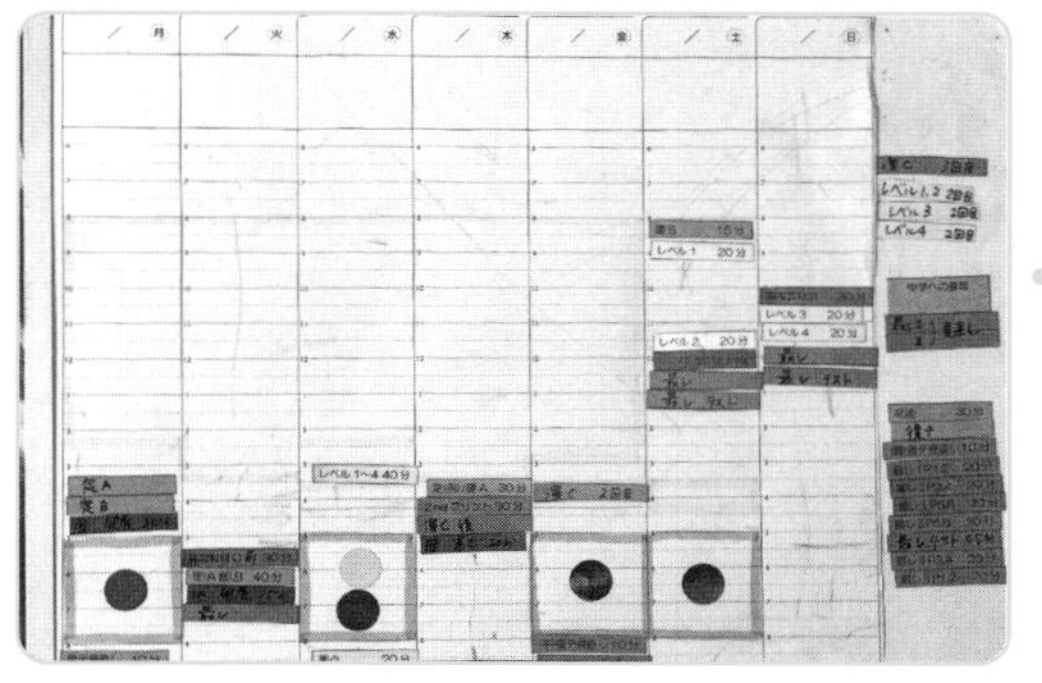

空いている場所にマグネットを貼っていくと、きみだけのスケジュールができあがり！

ノートタイプ

見開き1週間の手帳を使おう。空欄にやるべきことを書いて、できたら消していく。

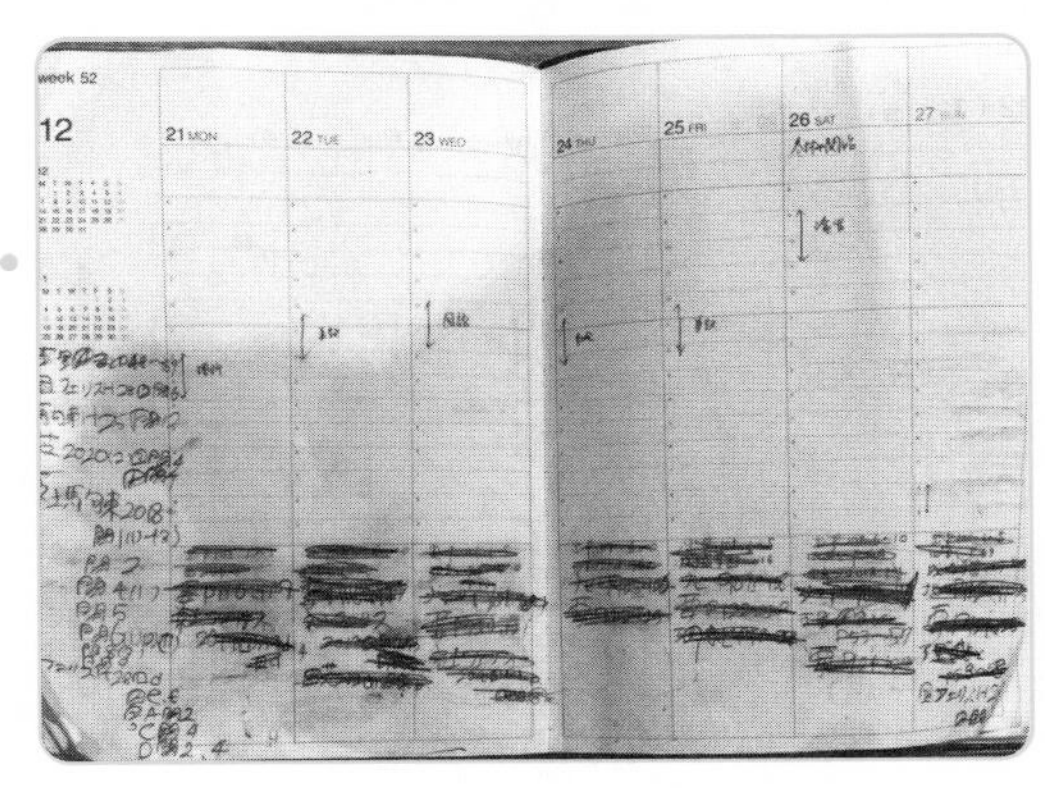

いつ、何をするかを書き込むとより良いね！

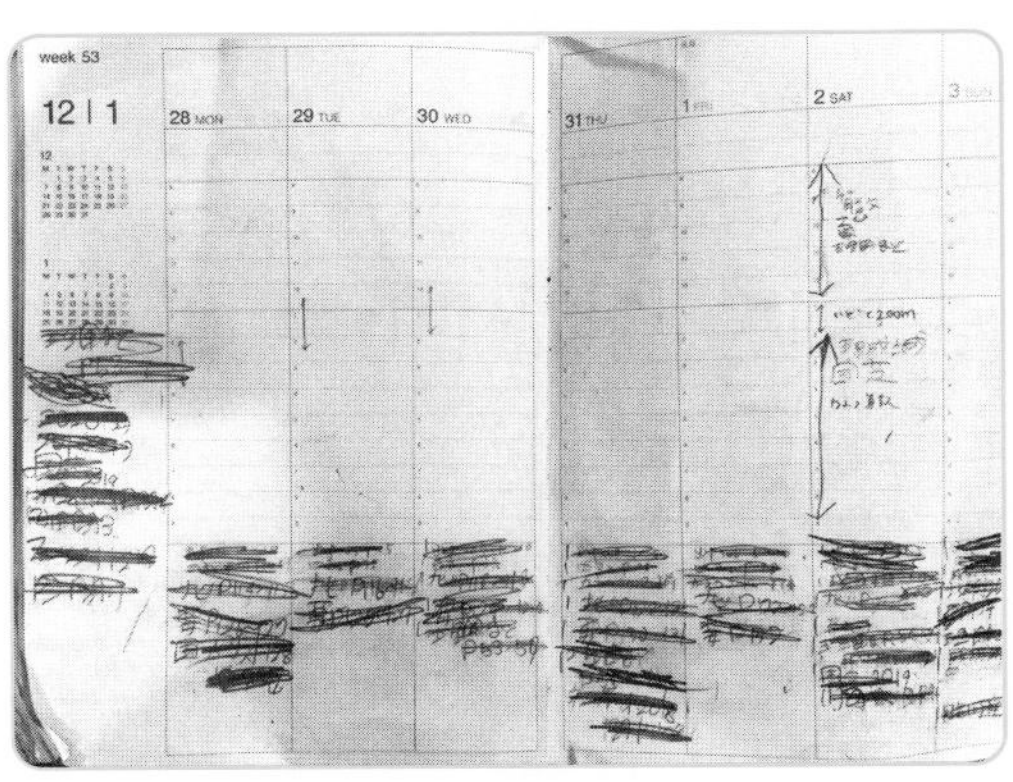

この達成感
味わってみて！

ホワイトボード+マグネットでも、

手書きノートでも（もちろん他のグッズでも）

スケジュールは

自分のやりやすいスタイルでOKだよ！

朝早く起きないとダメですか？

朝早く起きるのって、得意？　苦手？

私は苦手。だから夏休みの早朝ラジオ体操はイヤだったし、冬の朝はなかなか布団から出られない。でも、夜はけっこう遅くまで起きていられるんだよね。

逆に、夜はすぐ眠くなるけれど、朝はパッチリ目が覚めるって友達もいたよ。


さて、**中学入試の多くは、午前8～9時の間に最初の科目がスタートです。**

だから、入試開始時に頭がスッキリしているように、塾の先生は「入試2か月前には朝型（朝早く起きて勉強できる状態にすること）に切り替えるべし！」と言うし、その話を聞くと「いよいよだな」と気持ちが引き締まるよね。

もともと朝早く起きて勉強することが習慣化しているならば、いつも通りの生活を送るだけ。でも、それが難しい子もいるよね。そこにはこんな理由が隠れています。

理由① 体質
理由② 生活習慣
理由③ 気持ち

早起きするために夜早く布団に入ってもなかなか寝つけない、がんばって早起きしたけれど頭がボーッとして勉強なんてとても手につかないならば、ストレスをためてまで朝型にしなくていいよ。

一番大切なのは、何時に寝るか起きるかじゃなくて、「自分が元気でいられるような時間」を探ること。これは人によって異なります。

睡眠タイプにも個性あり

でも、「朝早く起きたら何でも好きなことしていいよ」と言われて、起きられるようだったら――それは気持ちの問題。「朝起きても勉強かぁ」と思うから起きられないんだよね。

そこで提案！

朝だけのワクワクを何か用意してみるのはどうかな？

朝だけ好きなお菓子が食べられるとか、朝勉が終わったら朝食まで何をしてもOKとか……「朝5～6時の間だけゲームOK」と親に言われて、それからサクッと起きられるようになって、6時から勉強を始めた子もいたなぁ。

体に無理をさせる必要はないけれど、受験生としてできる工夫もたくさんしてみてね。

自分が元気でいられる睡眠時間を知って、朝型がストレスにならないようにしよう。朝だけのワクワクは効果的だよ！

朝早く起きるのが苦手な子の親御さんへ

入試に関する睡眠情報においては、一様に「朝型に切り替えよう！」です。実際、受験生たちの本命校の入試はほとんど午前中に実施されます。入試は9時までに始まるところが多く、それまでに脳がフルに動くようにしておくには当然、朝型が有利です。また「早起きは三文の徳」といった格言に代表されるように、朝早く起きるメリットはたくさんあります。

だからといって、朝なかなか起きないわが子に「受験生の自覚が足りない！」と腹を立てるのは違います。

というのも、睡眠タイプは遺伝によって「朝型」「夜型」「中間型」の3種類に分かれ、その割合は日本人の場合45：30：25（日本睡眠学会）と言われているからです。当然、生産性の増す時間帯も睡眠タイプによって異なります。

同時に、**睡眠タイプは先天的な要因（遺伝）が50％、後天的な要因（生活習慣など）が50％と言われています。**

よって、「朝起きたら朝日を浴びる」「コップ一杯の水（白湯）を飲む」「朝食をよく嚙んで食べる」「熱いシャワーを浴びて交感神経を刺激する」などの方法で、徐々に朝型にスライドさせることもできなくはありません。

ただ、多くの受験生を見てくる中で痛感するのは、「本人が元気に勉強できる睡眠のとり方・睡眠時間を探る」に尽きる、ということです。

塾で「入試2か月前から朝型に！」とハッパをかけられ、生活を切り替えること自体が受験生としての自覚を促すならば、朝型にスライドするに越したことはありません。冬の朝は寒いので、部屋を暖めておく、楽しみになる朝食を用意しておく、なども効果的です。

一方、根っから夜型の教え子には、入試の前日だけ早起きしてもらいました。慣れない早起きで入試前夜はぐっすり眠れ、当日はスッキリ目が覚めたとのこと。

「朝型」という理想に親子でとらわれ、朝型になれないことがストレスや親子の軋轢（あつれき）を生んでしまっては本末転倒。朝型にスライドすることを目的とせず、「わが子が元気にがんばれる」睡眠との付き合い方を探ることをおすすめします。

※「国立精神・神経医療研究センター」調べ

POINT

「朝型／夜型／中間型」の半分は遺伝で決まっている。子どもが元気にがんばれる睡眠との付き合い方を探ることが何より大切。

お稽古事はいつまでしてOK？

今、どんなお稽古事をしているのかな？

お稽古事といっても、時間の短いもの、体力を必要としないもの、長時間拘束されるもの、日々の練習が必要なもの……といろいろあるよね。そんな中、好きで続けているお稽古事を「受験だから」とバシッと切られちゃうのはとてもつらい。次の中で、きみの状況や気持ちに近いものはあるかな？　みんな私の教え子の例です。

●週1回の英会話

「教室が楽しくて、息抜きにもなって、6年12月まで続けていました」

●週1回のピアノ

「毎日ピアノを練習していたけれど、6年になるタイミングで一旦お休み。勉強の気分転換として、好きなタイミングで弾いていました」

週2回の野球

「キャプテンになり、週末も試合で模試がなかなか受けられず、翌日の振替模試を利用していました。野球が大好きで責任もあったから、6年9月の最後の大会まで勉強と両立させ、すき間時間をぬって、勉強をがんばっていました」

週2回のサッカー

「毎年夏期講習を休んで合宿に参加していたけれど、6年になるタイミングで一旦お休み。体は動かしたいので、12月まで週1回、個人レッスンを受けていました」

週3回のスイミング

「水泳の後はヘトヘトで勉強の体力が残らず、5年の夏に週1回に減らし、6年になるタイミングで入試が終わるまでお休みしました」

お稽古事をいつまで続けるかは人それぞれだし、「○○になったら一旦お休み」とあらかじめ決めておくのもアリだけど、

- **勉強が大変になってきてお稽古事に行けなくなってきた**
- **お稽古事が忙しくて勉強時間が取れない**

のように、体や時間が悲鳴を上げ始めたら付き合い方を考えよう。塾のカリキュラムや学習内容的に、5年生開始時、5年生秋、6年生開始時、6年生夏、といったあたりで考える子が多かったかな。

お稽古事をいつまで続けるかは人それぞれ。勉強との両立がつらくなってきたタイミングで考えよう。

お稽古事をいつまで続けるか悩む親御さんへ

お稽古事は、内容によって必要な時間と労力がかなり異なります。

たとえば、1回1時間程度のカジュアルな英語ならば、ほぼ負担になりません。

一方、野球やサッカー、スイミングは、1回あたりの時間も体力も大きく消耗します。

よって「この時期になったらお稽古事は整理すべし」とは一概に言えませんし、お稽古事が息抜きや励みになっているならば、それを一方的に取り上げることはできません。

ただ、勉強とお稽古事の両立が大変になるタイミング、つまり受験生のハードさが一段上がる時期はあります。それは次の4つです。

● **新5年生**　塾の日数が増え、宿題量が増え、難度が上がる。
● **5年生秋**　夏期講習後はさらに難度が上がり、学校が始まると両立が難しくなる。

- **新6年生**　塾の日数が増え、宿題量が増え、難度が上がる。
- **6年生夏**　夏期講習の拘束時間が長く、宿題も多い。

もちろん、これらは一般論です。このタイミングでスパッと見切りをつけるのではなく、実際に両立してみた上で、成績が下がってきた、元気がなくなってきた等「やっぱり難しそうだ」となったときが、話し合うタイミングです。

さて、お稽古事の中でもチームスポーツとの付き合い方は非常に悩ましいですよね。本人が続けたいと強く思っている場合はさておき、本当はやめたいと思っていても「誰もやめないからやめにくい」「ポジション上やめられない」という葛藤（かっとう）があったりします。

また、模試と試合がかぶることが頻繁にあり、「**試合には勝ち進んでほしいけれど、そうすると次の模試も受けられない**」「**模試を受けさせたいから雨になってほしい**」等、**アクセルとブレーキを同時に踏むようなジレンマ**に陥ります。チームスポーツは人間関係も絡むため、〝わが家の事情〟と割り切ることも難しく、どのご家庭も本当に悩まれていました。

しかし、やはり最後は「本人がどうしたいか」。続けるメリット、デメリットをお稽古事、受験の両側面から家族で徹底的に話し合い、「やめるならば後悔しない」「続けるならば両立させる」と腹をくくって前を向くことが大切だと思います。

ちなみに、お稽古事をやめると「さあ、これで勉強に集中できる！」と親は肩に力が入りますが、子どものスイッチはそう簡単に入りません。今までは短時間で集中して取り組んでいた勉強も、時間ができることでダラダラし始めます。これは生活ペースが大きく変わるためです。1～2か月間は様子を見てあげてくださいね。

POINT

お稽古事によって負荷は大きく異なる。成績や子どもの元気が低下してきたら、話し合うタイミング。

テストや入試のために学校を休んでもいいの？

テストにはいろいろな種類があるけれど、一番気合が入るテストは何かな？塾のクラスが決まる「組み分けテスト」「実力テスト」は、やっぱり力が入るんじゃないかな。学校の合格可能性が出る「志望校判定模試」もあるし、志望校別特訓の資格がもらえるかどうか、というテストもめちゃくちゃ緊張するよね。

そういった、テストの結果が「クラス」や「資格」に影響するものは、できるだけ点数を取りたいからバッチリ対策しておきたい。でも、平常授業の宿題でいっぱいいっぱいだから、テスト対策する時間がない……そうだ、学校休んじゃお！

きみが、あるいはおうちの人がそう考えるのも、わからなくはない。

たしかに、学校を休まずにテストを受けたら60点だけど、学校を休んで対策したら

80点取れる、ということはあるかもしれない。
でも、そのやり方は、すぐに通用しなくなっちゃうの。

本当に大切なのはどっちだろう

中学受験の勉強は日が進むごとに、学年が進むごとに難しくなります。

もし4年生のときから毎月1回学校を休んでテスト対策していたら、6年生になったら、いったい何日学校を休まなければならないのか……そして、6年秋頃に「ここ、いいな」と思った学校で、調査書（きみの出席日数などが書かれたもの）が必要とわかったら……もうその学校は受験できなくなっちゃう。

小学生はとにかく忙しい。1日24時間というのは皆に平等で、その中でみんな時間のやりくりに苦労して勉強している。その中でつけた力がきみの実力です。

じゃあ、入試直前期（冬休み明け）はどうなんだろう？

「インフルエンザが怖い」「勉強の最後の詰めこみ」といった理由で学校を休む受験生は、実は少なくありません。だからといって、**学校が大好きなのに"受験生だから"という理由で学校を休む必要はないよ。**

もちろん、きみ自らが「学校を休んで家で勉強したい」と思うなら、おうちの人と相談したらいい。入試直前期に学校を休むか休まないか、ここに正解はありません。

POINT

テストのために学校を休んで勉強するのはおすすめしない。
入試直前期に学校を休むかどうかは、
きみの納得のいく方法を選ぼう。

テストや入試のために学校を休むか悩む親御さんへ

〝クラス昇降を決めるテスト前に、学校を休んで勉強させるご家庭がある〟との話を初めて聞いたときは、驚きと同時に「なるほどな」とも思いました。と同時に、とても心配になりました。

そこまで塾のテストに、中学受験に入れこんで、そのご家庭はこの先やっていけるのだろうか、と。

テストで点数を取ることが至上命題となり、「4年生のうちから宿題を3周する」「テスト前に学校を休んで対策する」などが習慣化すると、それなしではやっていけなくなります。学年が上がるごとに学習内容が難しく、宿題量も増えるのに1日24時間は変わらない——よって5年生になると睡眠時間を削り始め、6年生になるとその取り組み方は崩壊します。

あるいは、その方法を続けられたとして、志望校に合格した場合——周囲は、宿題1周、小学校を休まず受験勉強を進めてきた子もたくさんいます。その中で、中学・

高校も中学受験と同じ勉強方法を続けるのでしょうか？

学校を休めばたしかにテスト対策に時間をかけられ、点数も上がるでしょう。しかし、一歩ひいてその状況を冷静に見てみませんか？

今、子どもががんばって取り組んでいる勉強は、目先のテストやクラスのためではなく、充実した中学・高校生活を送るための勉強、ですよね。

「入ってしまえばこっちのもの」と一概に言えないのは、進学先で勉強に押し潰されて不登校になる子どもが一定数いることからもおわかりいただけると思います。

さて、「入試直前期（冬休み明け）は学校を休ませるべきでしょうか？」というご相談をたくさんいただきますが、個人的には「学校ありき」が大前提であり、その上でどうするかは「家庭の方針」と「本人の意志」によると考えます。

学校を休めば、感染症リスクを抑え、勉強時間は捻出できます。しかし、何を勉強するか、どのような生活を送るか具体的なビジョンがなければ、ずっと家にいるのはかえってマイナスになります。１日中小学生が１人で勉強などできるわけがなく、理想の受験生像とは程遠く見える姿を見て、親のイライラが募ります。

子ども本人に「過去問が終わっていない」という焦燥感（しょうそう）や、「もっとやり込みたい分野がある」「理社の知識をもう1周したい」などの意欲があれば、学校を間引く意味は出てきます。その場合、遅刻や早退の利用、1週間のうち2日だけ休むなど、工夫の仕方はさまざまです。

ただし、家で子どもだけで丸1日過ごすのは極力避けましょう。

前述したように、どれほど本人にやる気や焦燥感があっても、1人で1日中勉強などできません。午前中は図書館で過去問を解く、午後は自習室に行くなど、半日は外で過ごす時間を作るとメリハリをつけることができます。

POINT

学校を休む場合は、明確な理由があることが大切。「休む」「休まない」双方にメリット・デメリットがある。

やる気が出ないです

ある日、教え子と一緒に「やる気スイッチ」を作りました。

「先生、どうしてもやる気が出ない。やる気スイッチってどこにあるの？」と聞かれ、体のあちこちを押してみたのですが「どこも違う。てか、くすぐったい」との反応。それなら、と紙で箱を作って真ん中にスイッチの○を書き、「スイッチオン！」と二人で言いながらボタンを押してから勉強していました。

――それくらい、みんな「やる気」に悩んでいるんだよね。

でもね、中学受験は、入試当日きみに「やる気があるかどうか」なんて聞いてきません。日々、どれほどやる気をもって過ごしてきたかも聞いてくれません。

シンプルに、当日の点数だけで決まります。

「やる気」という魔物にとらわれてしまうと、「やる気が出ないから勉強できないんだ」と、自分に言い訳をしてしまいがち。

だから「やる気」なんてもう忘れちゃおう！
そして、「やるべきこと」を淡々とやろう。

そのコツはいろいろあるけれど、

①何も考えず、単純な勉強を始める
↓計算や漢字がおすすめ

②達成できそうな目標を立てる
↓勉強時間をちょっと短めにしてみる

③取り組む前の習慣を作る
↓鉛筆を削ったら3秒以内に何か書き始める　など

やる気

みんなせーので忘れてみよう

④体を動かす　↓体を動かすと脳も動いてくれるよ

⑤心配事があったら誰かに吐き出す　↓心配やストレスはないにこしたことない

ほかにも、「ごほうびを決める」「時間で区切る」なんかもいいね。でも、一番有効なのは「①何も考えず、単純な勉強を始める」。

ちなみに、スイッチを一緒に作った子とは「このスイッチを押したらつべこべ言わず問題を解こう」と約束して、その後はスイスイと課題を消化していきました。何度も押して、すぐにスイッチの箱はグシャグシャになったけどね（笑）。

勉強に「やる気」を求めない。
ただ淡々と「やるべきこと」をやるべし。

子どもの「やる気が出ない」と悩む親御さんへ

みなさんからいただく相談トップ3の1つ、それが「やる気」。
「いつになったらやる気になるのでしょうか」
「入試が自分ごとにならない状態にヤキモキします」
という相談は、あらゆる学年からいただきます。

長い指導人生の中で、「本格的にギアが入ったな」と感じることが多いのは、6年の冬です。つまり、そこまでは「この子にやる気はあるのだろうか？」という状態がどのご家庭でも続きます。

ほかにも、入試が始まり、第一志望の不合格を知ってやる気になる子もいます。最後までやる気にならないまま、受験終了になる子もいます（合格はもらえたりもらえなかったり）。

つまり、「やる気」を求めてヤキモキするのは時間の無駄、とも言えます。

だから、もうやめませんか。「やる気に満ちた受験生」を追い求めるのは。

学校に行って、その後塾にも行って、土日も特訓やテストで潰れて、すごくがんばっているんです。

学校でも塾でも家でも勉強して、「何もしなくていい休息日」はほぼなし。体力も気力も相当消耗して、そこから「やる気」を捻出するエネルギーは残っていません。

でも、ときどき感じることがあると思います。「チラッ」「キラッ」と、子どもがやる気を見せる瞬間が。たっぷり睡眠を取った後、思い切り遊んでスッキリした顔をしているとき、とても嬉しいことがあったときなど。つまり、やる気のベースは「体も心も元気な状態」なのです。

親はどうしても継続的にやる気のある状態を求めますが、瞬間的なやる気も大切にしてあげてください。そして、どういうときにそうなるのか、よく観察してあげてほしいと思います。

同時に、一方的にやる気を求めるばかりでなく、心にエネルギーを充てんしてあげることも、ぜひ意識していただきたいと思います。

自ら勉強に向かい、その勉強姿勢にやる気がみなぎり、解いた問題を間違えたら悔しがってきちんと解き直しをし、テストで次こそはと闘志を燃やす。

こんな理想の受験生像は、大人の頭の中か漫画か映画にしかいません。

POINT

親の求める「やる気」は、6年の冬まで出てこない。
そして、やる気のベースは
「体も心も元気な状態」であること。

息抜きや遊び、どのくらいしていい？

「息抜きがないと死んじゃう」「遊ばないとつまらなさすぎる」と思っているのは、私だけじゃないと思います。

「息抜きが必要」「遊びたい」と思うってことは、日々やることがビッシリだったり、遊びをガマンしているからだよね。本当によくがんばってるよね。うん、エライぞ！

息抜きとひと口に言ってもいろいろあるよね。ちなみに私の息抜きは……

- **毎日…お茶を入れる（約5分）／ちょっとした家事をする（約10分）**
- **1週間に1～2回…整体（マッサージ）やジムで体をほぐす（約60～90分）**
- **数か月に1回…友達と楽しくご飯を食べる（約3～4時間）**
- **1年に1～2回…旅行に行く（数日間）**

息抜きも受験の必須要素！

こんなふうに、自分がつらくならないようにいろいろな息抜き（中にはご褒美的なものも）をいろいろ用意しています。

でも、息抜きばっかりだと、これらが色あせてつまらなくなってくるの。仕事の合間にあるからこそ、息抜きが本当にありがたくて元気になれるし、息抜きがあるから「がんばろう！」と思える。

中学受験に挑戦するきみたちにとって、息抜きは「**勉強をがんばるために必要な時間**」。どんなタイミングで、どんな息抜きだったら、前向きに勉強に取り組めるかな？

そして、その息抜き方法を、おうちの人

にも知ってもらおう。なぜなら、息抜きや遊びをめぐる親子バトルの原因は、「息抜き」に対する考え方が食い違っているから。

お互いの考えを主張し合うのではなく、きみとおうちの人の意見をすり合わせて、息抜き方法を考えよう。

最後に……勉強を思い切りがんばりたいとき、**もっとも効果的な息抜きは「何もせずボーッとすること」**。**これが一番、脳を休める方法なの。**「えー、そんなのつまらない」と思うかもしれないけれど、ぜひ知っておいてね！

時間、タイミングによって息抜きの種類はさまざま。何より、勉強をがんばっているからこそ息抜きが輝く！

息抜き・遊びはどのくらいが良いか迷う親御さんへ

「息抜きはどの程度させたら良いですか？」

これもよくいただく質問です。以前、東大理Ⅲに進学した4人のお子さんを持つ佐藤亮子さんと対談セミナーをしたときに、佐藤さんが「息はするだけ、抜いちゃダメ！」とおっしゃって、ファシリテーターの方と爆笑した覚えがあります。佐藤さんもそう言いつつ「子どもたちもなんだかんだ私の目を盗んで、こっそり息抜きしてたみたい」と（笑）。

人間、息抜きなしで走り続けることなどできませんが、でも受験生だし……とさじ加減に悩まれますよね。

結論から言えば、息抜きの程度は子どもによります。〝受験生だからこうあるべき〟ではありません。これは遊びにも言えることです。

子どもによるわけですから、当然親が一方的に決めることもできません。
私の算数指導は基本的に1回2時間ですが、集中力の持続しない子は途中3～4回休憩を挟むこともありますし、休憩方法もおしゃべりする子、お菓子を食べる子、ルービックキューブをする子とさまざまです。入試直前期でやる気みなぎる6年生には、休憩なしで3時間ぶっ通しの指導をすることもあります。

「息抜き」でバトルになってしまうのは、「スケジュールにない時間に息抜きしているから」「勉強密度が低いのに息抜きだけしっかり取ろうとするから」「息抜きの合間に勉強をしているようにしか見えないから」……ですよね。お気持ち、とてもよくわかります。

そもそも、なぜ息抜きが必要なのかといえば、受験生が「元気な状態で勉強に向かうため」。だから、1時間息抜きをしてもダラダラしていたら、それは息抜きになっていません。逆に、息抜きが3分しかなくても集中できたりするわけです。

なので「**息抜きはかくあるべし**」ではなく、「**どうしたら気分よく元気にがんばれ**

るか」を子どもと話し合うところからスタート、です。6年冬に、ずっと観たかった映画を楽しんできた教え子は、その後の集中力が格段にアップしました。「入試が終わるまで我慢しなさい」というご家庭の方が多い中、そのお母様はお子さんのことを良く見ているなと感心しました。

塾のない日は学校から帰宅して公園で友達と遊びたい、寝る前に15分自由時間がほしい、模試のあった午後はママとカフェに行きたいなど、子どもが元気になる方法はさまざま。

お子さんが元気になる方法、ご存じですか？

POINT

息抜き・遊びの頻度は子どもによる。
「気分よく元気にがんばれる」状態を探ることから。

塾に行く前に　おなかが痛くなるんです

塾に行く時間が近づくと、お腹が痛くなったり、気持ち悪くなったりすることないかな？　それは家を出る前だったり、塾に着いてからだったり。そして、家から出られないまま、教室に入れないまま授業が始まっちゃって、しばらくするとスーッと症状が軽くなる。

こうなる理由は人それぞれだけど、ざっくりどちらにあてはまるかな？

①塾に行きたくない理由がある

先生が怖い、同じクラスの子から嫌がらせを受けている、テストの点数を公表されるのがイヤだ、点数が悪いとみんなの前で叱られる……など。

このように原因がはっきりしている場合は、まずおうちの人に話して、解決策を一緒に考えてもらおう。それはおうちの人ときみだけで解決する問題かもしれないし、塾に伝えて先生や方針を変えてもらう必要があるのかもしれない。

②「塾に行かなきゃ」と頭では思っていても、体がいうことを聞かない

①とは違って、特に思い当たることがない。塾に行かなきゃと思ってるし、行きたいと思ってるし、早く腹痛や吐き気がおさまってほしいと思ってる。なのに、体がいうことを聞いてくれなくて、親や先生にも「どうしたの？」「どうしていつも塾の前にそうなるの？」と聞かれて、つらくてポロポロ涙が出ちゃう……。

これは、きみが自覚していないだけで、疲れやストレスが知らないうちにたくさんたまっているの。もしかすると、授業でわからなかった

体のいうことはしっかり聞こう

問題に対して先生が「この問題が解けないやつは合格しない」と言ったことがショックで、「解けるようにならなきゃ！」と精一杯奮起(ふんき)することが続いて心がずっと緊張しているのかもしれない。復習テストでいつも平均点以下なのがじわじわと心を蝕(むしば)んでいるのかもしれない。

そういうときは、無理に塾に行かなくていいよ。体がきみの心を守るためにSOSを出しているの。

塾を休んでも、勉強できる方法は、いくらでもある。

6年生10月にこの症状が出た子は、その後1日も塾に行かず、家で勉強して志望校に合格したよ。SOSを出してくれる体で良かったね。

原因がはっきりしているなら、勇気を出しておうちの人に話そう。原因がわからないときは、ムリに塾は行かなくてもいいよ。

塾に行く前におなかが痛くなる子の親御さんへ

今まで子どもたちのさまざまな身体症状を見てきました。腹痛をはじめ、チック、髪の毛を抜く、突然パタリと寝てしまう……それらを認識したとき、とまどいを感じるかもしれませんが、ぜひ〝体がＳＯＳを出してくれている〟ととらえていただきたいと思います。

●塾やテストのある日だけ症状が出る【理由がわかっている】

勉強そのものがイヤ、テストの時間が苦痛、成績表やクラス分けが怖い、塾の先生やクラスメイトと折り合いが悪い、など、その理由がはっきりしている場合は、まずそれらの解決策を探ることからです……、といっても**解決策が簡単に見つかるわけではなく、じっくり話し合って、変えられることから1つずつ変えていきます。**

最終的に「転塾する」「塾ではなく個別や家庭教師にする」「中学受験をやめる」な

どの手段を取る場合もあります。何が正解かわからない中、そのときどきでさまざまな方法を考え、わが子に最適な道を選ぶことは、「ルートから外れてしまうのでは」という不安を覚えるかもしれませんが、こういうご家庭は安心して見ていられます。なぜなら「塾より、中学受験より、わが子を大切にされている」証だからです。

【理由がわからない】

子ども本人はがんばりたいと思っていても、なぜか体がいうことを聞かないことがあります。6年秋または冬に、このような状態になる子を何人も見てきました。

そのような場合は、塾を一定期間休ませるとある程度回復しますが、休むことで不安が増大し、別の症状が出てくる子もいます。6年生の冬に塾の校舎の前で毎回吐き気を催し、日増しに衰弱していた教え子には、「残り3か月、塾に行かなくてもコレとアレをがんばれば大丈夫！」と伝えたら少しずつ生気が戻り、今は元気に熱望校に通っています。

あるいは、学校がストレスフルのため塾に行く気力が残っていないなど、間接的な原因が影響している場合もあります。

塾やテストのない日にも症状が出る

身体症状が出ても、中学受験や学校などが原因でない場合があります。ある方は子どもの腹痛が始まってから、その頻度を日記に記していたところ、**牛乳を飲んだ日に腹痛が起きるという相関関係に気づき、医療機関で「乳糖不耐症」と診断されました。**

ほかにも、自分や家族について簡単な日記を記していた方は、母親が仕事で帰宅が遅い日が続くと子どもが腹痛を訴えることに気づかれました。子どもの何らかの症状が出たら、その記録をしていくと原因が見えてくることがあります。

身体症状の理由はさまざま。症状が出たら日記などに記録をつけると、「原因」が見えてくることも。

本番が怖いです

指導に行ったとき、目の下にクマができて、元気がなくて、一緒に勉強していても
ボーッとしている子が、今までに何人もいました。
ちゃんと早く寝ているみたいなのにどうしてだろう？と思い、聞いてみると「もし
不合格だったら……と考えると怖くなって、眠れなかった」と。そうなると心も体も
つらくて、どんどん弱っていっちゃうよね……。

でも私は、盛大に「おめでとう!!」と言います。
なぜって、それは中学受験がきちんと「自分ごと」になっているから。

中学受験が他人(ひと)ごとの場合（大体みんな6年冬くらいまでそんな感じ）は、眠れな

くなるほど怖くなったりしません。

中学受験は「自分ごと」になって初めて、やる意味が出てきます。

じゃあ、中学受験が自分ごとになると、どうして不安や緊張で怖くなるんだろう？

それは**「まだ経験したことがないから」**です。

今までもそういうことがたくさんあったはず。小学校ではクラス替えで「友達できるかな」、初めての塾通いで「先生怖いかな、授業わかるかな」など……。ワクワクもドキドキも不安も緊張も、実はたくさん経験してきて、でも実際にやってみると「こんな感じかぁ」とわかって、不安や緊張はだんだんなくなってきたよね。つまり、今までできみたちはたくさんの山を乗り越えてきているの。

私も、初めて大勢の前で話したときは「ちゃんと話せるかな？」と不安で、事前に何度も何度も練習したよ。それでもやっぱり本番は緊張して、頭が真

祝 本番 コワイ

成長した証拠だよ！

っ白になって、その場にしゃがみ込みたくなりました。でも、何度も練習したから、原稿用紙に書いた次の段落が頭に浮かんで、何とかそこから続きを話すことができたの。

不安や緊張、怖さを打ち消す最良の方法は、「これだけやったんだから大丈夫！」と自信を持てるくらい勉強すること。他の子がどれだけやっているかは関係ない。だって、きみの点数にはまったく関係ないからね。だから「受験は自分との戦い」といわれるの。

もし眠れなくなったら、「明日の勉強はコレとアレをしよう」と決めてごらん。その勉強をしたぶん、必ず成長もできるし、そう言い聞かせることで少し安心できるんじゃないかな。こうやって1つずつ勉強を、自信を積み上げていこう！

眠れないくらい怖くなるのは、
受験が「自分ごと」になった証拠。
自分に自信をもてるくらい勉強して、不安にうち勝とう！

「本番が怖い」と言う子の親御さんへ

「本番が怖くて眠れない」

このように子どもたちが訴えてくるのは、直前期だけではありません。5年生の冬、6年生の夏と、時期はさまざまです。

眠れないほどでなくとも、子どもには本番のことを考えて怖くなるときが必ずあります。しかし、ネガティブな思考そのものは決して悪いことではありません。「このままじゃ受からない」という不安や焦りは、勉強に向かう原動力にもなります。

ここで**問題なのは、そのネガティブな思考を「信じこんでしまうこと」**です。もしお子さんの発言や雰囲気から「本番に対して恐怖心を抱いている」と感じたら〝ネガティブな思いこみの毒抜き〟をしましょう。

まず、なぜ本番が怖いのかを考えてもらい、具体的な現実に落としこみます。そしてネガティブな思いこみと逆の考えを持ってもらうのです。

(例) 本番で難しい問題が出て、頭が真っ白になったらどうしよう

テストは難しい問題ばかりじゃないよね？　必ず簡単な問題もあるよね？　入試はみんなが取れる基本的な問題が解ければ合格できるから、難しい問題を完璧に解く必要はない。もし難しさを感じたら、その問題は合格には不要だから飛ばせばいいよ。

(例) 不合格だったら、みんなにバカにされそう

みんなって誰のことかな？　塾や学校の子全員がバカにするのかな？　もし不合格でも、塾の子とその後会うことはないだろうし、学校では結果について話す必要はないよ。それに、一緒に落ちこんでくれたり、励ましてくれたりする友達もいるよね。そういう友達のほうが大切じゃないかな。

専門的には、**「バイロン・ケイティ・ワーク」という手法**があります。これは**〈4つの質問〉**と**〈置きかえ〉**によって、考え方を変えていくというものです。

(例) 合格すると思えず、勉強してもムダ

4つの質問

①「それは本当でしょうか?」

↓だって過去問で合格最低点を超えたことがない。どうせ無理なのに勉強しても意味がない。

②「その考えが本当であると、絶対言い切れますか?」

↓合格最低点を上回ったことのない子がみんな不合格だと言う証拠は? 勉強することが無駄だと断言できる証拠は?

③「そう考えるとき、あなたはどのように反応しますか? 何が起きますか?」

↓やる気がなくなってダルくなる。行動がノロノロする。過去問の点数がさらにボロボロになる。筆跡が雑でミスを連発する。

④「その考えがなければ、あなたはどうなりますか?」

↓元気になる。勢いが出る。勉強にメリハリがつく。過去問のミスが減って、合格最低点に近づく、上回る!

● 置きかえ

（例）と反対の文章に置きかえ、真実味のある3つ以上の具体例を見つけます。

（例）合格する気がする、勉強することは意味がある ←

↓各科目の点数の良かった年を出すと、合格最低点を上回る。

↓本番は、自分の得意な問題しか出ないかもしれない。

↓中学受験の勉強を始める前より、確実に賢くなっている。

ぜひ、恐れを克服して「本番が楽しみ！」と思えますように。

POINT

ネガティブな思考は悪いことではない。
ネガティブに信じこんでいることを、
逆のものに置きかえていく。

自分に言ってあげたい

①
月の勝者
KYO COMIC
勝ちたい

②
志望校 合否合判定
志望者中順位
D 130位/○○人中
C 80位/○○人中
B 25位/○○人中
A 8位/○○人中
勝ちたい

③
だけど それより
秘技、答え見の術…

④
ただ心から
コラコラ、いかん!!

⑤
2月
500円
がんばったねって
自分に言いたい

緊張をうまくのりこえる方法を教えて！

緊張していいんだよ。だって、緊張するのは悪いことじゃないし、そもそも入試本番で緊張しない人なんていない。緊張は、この日のためにずっとがんばってきた証拠だよ。

でも、緊張の仕方は人によって違うよね。緊張で頭が冴えてワクワクしたら良いけれど、緊張し過ぎて体調が悪くなっちゃうのは避けたいよね。

そこで、「**緊張と仲良くする方法**」をいくつか紹介するね。

自分の長所を確認する

きみの長所って何だろう？　明るいところ？　真面目なところ？

「いつもそそっかしいってダメ出ししかされない」って？　それは頭の回転も行動も速いってこと、入試では問題を解くスピードの味方になってくれる！　こんなふうに、きみには必ず長所がある。まずそれを自分で、あるいはおうちの人と考えよう。そして入試は「自分にはこんな長所があって、それが武器になる」と自信を持とう。

備えておけば怖くない！

●ルーティンを作る

スポーツ選手が大切な本番前に行う〝ルーティン〟って知ってるかな？

一種のおまじないみたいな仕草なんだけど、それをすることで「不安や緊張を和らげる／心を整える／集中力を高める／邪念を取り払う」などの効果があるの。イチロー選手や羽生結弦選手のルーティンは有名だよ。

ぜひ自分だけのルーティンを作って、普段

のテストや模試のときから取り入れよう。もちろん、入試本番もルーティンを忘れずにね！

● **香りや触感**

緊張で張り詰めた心や体には、リラックスする香りや、癒される手触りのものも効果的。自分で「これ落ち着く♡」と思うアロマオイルやハンドクリームなどの香りを探すのはとても楽しいし、普段から勉強に疲れたときに使えるよね。小さい頃からずっと大切に触っているタオルやパーカー、ぬいぐるみをそっとカバンにしのばせて本番に持っていった子もいたよ。気持ちが落ち着く香りや手触りのものを、ぜひ探してみてね。

緊張するのは当たり前！
過度な緊張をほぐす方法をいくつか持っておこう。

緊張しやすい子の親御さんへ

緊張するのは悪いことではなく、ごく自然な心の動きです。子どもが「緊張してきた～」と言ったら、それをネガティブに捉えるのではなく「緊張するのは良いことだよ」と、その状態をそのまま一緒に受け止めましょう。

また「緊張せずリラックスしよう、させよう」としても、感情をコントロールすることはできません。

変えられるのは「感情」ではなく「行動」です。

よって、緊張をほぐす方法ではなく、本番に向けて必要となる「具体的な行動」をご紹介します。

●「本番の日」のシミュレーションをしておく

もし可能ならば、本番とまったく同じように過ごす日を作ってみましょう。本番と同じ時間に起き、実際に志望校まで行き、試験時間も休憩時間もまったく同じ状態で過去問を解きます。

さすがに学校の中には入れないので、志望校や最寄り駅近くの貸会議室や静かなカフェなどで過去問を解くことになります。

また、机と椅子が固定された一体型だったり、幅が狭いなど「想定外！」とならないよう、机と椅子の形状を文化祭や学校説明会、学校のホームページなどで確認しておきましょう。

●あらかじめ心拍数を上げておく

緊張すると心拍数が上昇しますが、あらかじめ心拍数を上げておくと、その後に再度心拍数が上がっても、過剰な反応を抑えることができます。

入試当日、家を出る前に100メートル・ダッシュや縄跳び、階段を使った踏み台昇降などで心拍数を上げておけば、校門をくぐるときに口から心臓が飛び出そうな事態は免れます。

ただし、受験生は基本的に運動不足。もし入試直前期に学校を休んでいる場合はなおさらです。日々少しでも体を動かして、入試当日のダッシュや縄跳びでケガをしないようにしましょう。

目の前の問題を解くのみ

緊張は不安や焦りから生じます。子どもには「合格・不合格のことは一切考えなくて良い。あなたの仕事は、目の前の問題を解くことだけ」と伝えましょう。これは、私が教え子たち、入試激励会で毎年最後に伝えていることです。

POINT

緊張は悪いことではない。
感情をコントロールすることはできないので
本番に向けて必要な行動を知っておく。

友達ともっと遊びたい

低学年の頃は、公園に行けば学校の友達がたくさんいて、みんなで鬼ごっこしたり、ブランコに乗ったり、ケンカもあったけれど楽しかったよね。

でも、学年が上がるにつれて、公園に来る友達の数が減ってきて、親に、

「まだ塾の宿題終わってないでしょ」

「受験しない子たちと同じように遊んでどうするの！」

と、遊びに行くのをとがめられるようになったり、

「今日、4時にいつもの公園でね！」

と約束している友達を見て、どうして自分だけ塾なんだろう……とだんだんつまらなくなってきて……。

受験しない子同士がどんどん仲良くなって、自分だけ仲間外れにされるような気持

今までもこれからも友だちです

ちにもなるよね。休み時間もだんだん、話が合わなくなってくる。だから、

「友達が公立中学に行くから、僕（私）も受験やめて一緒に遊ぼうかな」

と思うことだってあるよね。

でも、同じ気持ちを抱えている仲間はたくさんいるんだよ。

それはきみと同じく、中学受験のために勉強をがんばっている子たちです。

そして、そのやるせない気持ちを、実は放課後や休日に遊ぶ子たちも抱えています。受験のために勉強しているきみを見て「なんだか、自分たちと別の世界に行っちゃうのかな……」ってさびしく思っているって、知ってた？

本当はお互い、一緒に遊びたいと思っているの。

だから**入試が終わると、それまでのわだかまりがなくなって「卒業したくない！」と思うくらい、小学校生活が楽しくなった**って、みんな話していました。

そして何より、中学に進学したら同じ気持ちで勉強してきた仲間とたくさん出会えます。中学受験にチャレンジすることは、友達を増やすことでもあるんだね。

だから学校では、一緒に遊べないからと引け目を感じる必要も一切なし！　きみには応援してくれる家族も、一緒にがんばっている同志もたくさんいるのだから。

一緒に遊べなくてつらい思いを抱えているのは
きみだけじゃない。
友達も仲間も同志もたくさんいるよ。

友達ともっと遊ばせなくていいのか不安な親御さんへ

小学校に入学すると、「友達と遊びに行ってくる！」との言葉が頼もしく、一緒に遊ぶ子ができて良かった……とホッとしましたよね。

ところが塾に入って生活スタイルが変わり、宿題が終わらない、テストで思うように点数が取れない、となると、

「遊んでいる時間はないでしょ」

「この点数でよく遊びに行く気になれるね！」

と、大人はつい思ってしまいます。

そして、友達と遊びたいという子どもの健全な気持ちを一方的に封じこめるとどうなるか……。まず、親に嘘をついて遊びに行くようになります。そして塾から「お子さんが来ていません」と電話がかかってきて事態が判明し、

「嘘をつくのは人としてどうなのか！」

と叱責の対象がさらに広がって、子どもはさらに親に何も言わなくなります。

あるいは、

「友達と同じ（公立）中学に行く！　受験やめる！」

と宣言することもあります。遊びを禁じて勉強を最優先させる親御さんは〝何としても受験させたい〟という方が多く、子どもはその親の気持ちを逆手にとって反抗するのです。

この「もう受験やめる」宣言、実は〝6年秋〟というタイミングが多いのです。

親からすれば「ここまでがんばってきて、なぜこのタイミングで⁉」「なぜあと少しがんばれない⁉」としか思えないでしょうが、当の子どもにとっては一番ハードな時期。気力も体力も限界の中、遊びに行きたいというささやかな希望もあっさり潰され、何もかもどうでもよくなってしまうのです。

例にもれず教え子が6年秋に「受験しない宣言」をし、いろいろと気持ちを聞きました。すると、本人の中で実は受験するか・しないかは五分五分。ただ、今の状況がつらく、遊んでいる友達が羨ましくて仕方がない、と。

そこで「週1回、放課後に思い切り遊ぶ日を作るのはどう？」と提案したら笑顔で快諾。冬休みまでは毎週水曜日（学校の授業が早く終わり、塾もない）、暗くなるまで友達とサッカーをしていました。そもそも成長期なのに体を動かさないと、ストレスもたまりますよね。そしてその子は、中学受験を乗り越えて熱望校に合格し、楽しく通っています。もし週1の放課後デーを作らなかったら、不満とストレスを抱えたまま、「（親）勉強しなさい！」、「（子）受験やめる！」の押し問答が続いていたかもしれません。

遊びも勉強も0か100かではなく、最適なバランスを探ることが大切。そのバランス感覚を養うことも、中学受験の学びのひとつではないでしょうか。

POINT

子どもの気持ちを一方的に封じこめることはできない。
遊びも勉強も0か100ではない。

友達に成績や志望校を聞かれたら、なんて言えばいいの？

塾でテストが返却されると「何点だった？」と聞かれたり、学校で受験するクラスメイトに「どこ受けるの？」と聞かれること、あるよね。

逆に、テストでいい点数だったりすると「いぇーい、今回１００点！」と言いたくなるし、文化祭で気に入った学校があると「〇〇受けよっかな。△△ちゃんはどこ受けるの？」と普段の会話で話題にすることもあるよね。

でもね、励まし合える仲間じゃない限り、成績や志望校の話は、お互いにしないことをおすすめします。

4、5年生のうちはテストの点数が悪くても「あーあ、今回30点だった。親に叱ら

大人の力を借りてみて

れる〜（泣）」とネタにできるかもしれない。でも学年が上がるにつれて、そんなふうに笑い話にはできなくなってきます。

特に6年生の秋以降。志望校判定模試で、ずっと行きたいと熱望しているA校の合格判定が20％でショックを受けている隣で、「やったー！　A校の判定80％だった〜♪」と喜ぶ声を聞いたら、どんな気持ちになるかな？

だから、できるだけ自分からは言わない、そして聞かれても答えない。今はまだピンとこないかもしれないけれど、心ない言葉で傷つく子たちをたくさん見てきたからこそ、そうアドバイスします。

でも、「自分は聞かない・話さない」と決めても、しつこく聞いてくる子っているよね。そんなときは、

「そういう話をしたらパパとママに怒られるから、私（僕）はしないの」

と、〝大人〟を持ち出してキッパリ話を断ち切ろう。塾の先生でもいいね。

繰り返しになるけれど、お互いに励まし合える仲間とは、話題にしていいんだよ。でも、そういう関係ではない子がただの興味本位で聞いてきたら、キッパリ突っぱねよう。

POINT

成績や志望校の話は、励まし合える仲間とだけ。
しつこく聞かれたら、
「親に叱られるから話せない」と〝大人〟を持ち出そう。

成績や志望校をどこまで他人に言うか悩む親御さんへ

子どもたちは、中学受験をすると決めた、あるいは塾に通い始めた、行きたい学校が見つかったなどのタイミングで、とても気軽にそれらを話題にします。

日々、家や塾の勉強で苦しんでいても、それとはまったく別の心の動きとして〝中学受験〟は「勉強のできる子がするかっこいいもの」であり、志望校が有名難関校であるほど、「そこを目指している自分ってスゴい」となるのです。

中学受験をする子が、あるいは同じ塾に通っている子が学校のクラスに複数人いると、休み時間や給食の時間も中学受験の話題は頻繁に出ます。

中学受験の現実がまだわかっていない4、5年生が「オレ、開成受ける」「私、ケイオー」、あるいは「こないだクラス上がった」「国語の偏差値65だった」などという会話はザラです。中には「こいつ、こないだクラス落ちたんだぜ〜」「こないだ算数、クラスで最下位だったよね」など、自分以外の情報をさらし、バカにすることもあります。

そして、それらの話は、子どもの口から各家庭に伝わり、小学校の授業参観のときに**「オタクのお子さん、○○受けるんでしょ?」と言われ、驚愕(きょうがく)することになる**のです。

昨今は、大手塾がWEB上で個人成績表が見られるよう、各家庭にIDとパスワードを配布します。その仕組み自体はとても便利なのですが、なんと子どもたちが、そのIDとパスワードを教えあうケースもあります。

ある教え子は、成績が伸び悩んでいる6年秋、同じ塾に通う子に学校でタブレットから勝手にログインされ、成績をクラス中にバラされました。IDやパスワードを教え合うのは、受験がまだ自分ごとになっていない6年春頃までが多いようです。

また、今はほとんどの学校がWEB上で合格発表を公開します。学校によっては、合格者の受験番号一覧が掲載されるため、給食中に、同じ学校を受けた複数人の合否がクラス中に知れ渡る、という事態も発生しました。

私は常々教え子に「成績や志望校の話は、よほど信頼できる子でない限り、一切話題にするな、答えるな」と口酸っぱく伝えています。

中学受験で、お互い励まし合える仲間と出会えることを願いつつ、興味本位・野次馬根性の外野によって火種が降りかからないよう、ご家庭で中学受験のマナーについてぜひ話し合っていただきたいと思います。

POINT

子どもは簡単に成績や志望校を周囲に吹聴する。マイページのIDやパスワードまでも教え合う時代、中学受験マナーについて家族で話し合いを。

親があれこれ言ってきてウザイ！

私のもとには、親御さんから中学受験に関する相談がたくさん届きます。

その中に、

「どこまで子どものサポートをすればいいでしょうか？」

という質問もあるけれど、どんな子についての相談なのかわからないから、答えるのがとっても難しい。

だから、きみに聞きたい。


おうちの人に、何を手伝ってほしい？

おうちの人に、どうしてほしい？

ウザい理由は、気持ちのズレかも

きっといろいろあるよね。「算数が全然わからないから教えてほしい」「勉強しているときは横にいてほしい」「塾まで迎えに来てほしい」「すぐにテストの点数を聞かないでほしい」――。

親子というのは、「親がしてあげたい／しなきゃならないと思っていること」と、「きみが手伝ってほしい／してほしいこと」がなかなか一致しないんだよね。

たとえば、仕事から帰ってきたママが買ってきたグラタンを温めて「これ早く食べて。今日の宿題、一緒に確認するから」と言う。きみは「ママの作ったグラタン食べたいな。学校であったこと話したいな。それに、疲れてイライラしているママと勉強するのイヤだなぁ」と思っている。一方でママは「食事なんてサッサと済ませて、早く勉強みてあげないと。明日はテストだし。私も早く寝たいけど、この子のため」と体にムチ打ってがんばってる。お互い、見ている方向が違うんだよね。

だから、おうちの人に手伝ってほしい、してほしいことを口に出して言おう。**言いにくかったら、紙に書いて渡そう。**

おうちの人は、中学受験がきみにとっていいことだと思ってサポートしてくれている一番の応援者。だから、お互いの気持ちと行動にズレがないよう、親子で一致させていこう。

中学受験はおうちの人の協力が必要。
何を手伝ってほしいか、
どうしてほしいかきちんと伝えよう。

どこまで親がサポートするべきか迷っている親御さんへ

高校受験、大学受験のように「塾代と受験料を振り込めばＯＫ」とはならないのが中学受験。子どもを塾に入れたからといって、それで完結するわけではありません。何でも自分でこなすスーパー小学生はさておき、普通の小学生にはざっと次のようなサポートが必要です。

①勉強　②教材管理　③テスト・プリント類の管理
④スケジュール作成　⑤送迎　⑥志望校決め　⑦情報収集
⑧各種申込・振込　⑨生活サポート　⑩メンタルサポート

「サポート」と聞くと「①勉強」が頭を大きく占める方が多いと思います。勉強サポートには「教える」と「付き合う」があり、算数、理科の物理・化学などの「教える」には限界がありますが、理科や社会の知識、国語の語彙などに「付き合う」ことはできます。**何か勉強サポートをしたい、と思われたなら、ぜひ「付き合って」あげてください。**

また、「**②教材管理**」「**③テスト・プリント類の管理**」**は子どもには無理です**……というか、大人でも無理なご家庭をたくさん見てきました。

まずは大きな棚を買い、どこに何を置くかを一緒に決めましょう。子どもだけに任せるとあっという間に混沌(こんとん)とするため、定期的に一緒に整理する時間を確保すると、取り返しのつかない状況は免れます。

さて、①~⑩の中で〝外注できないもの〟は何かわかりますでしょうか？——それは「**⑨生活サポート**」「**⑩メンタルサポート**」です。この2つのサポートがおざなりでは、どれほど勉強サポートをがんばっても意味がありません。これこそが〝小学生が挑む中学受験〟なのです。

もし「何をサポートすればいいかわからない」と思われたら、「元気な顔で日常生活を送っているか」を確認してください。睡眠、食事といった基本的な生活を送れているか否か、です。

そして、どこまで親がサポートするか――それは、親御さん自身が「自分の余裕メーターがゼロにならないところまで」です。

なぜなら、**自分を犠牲にすればするほど、"見返り"を求めたくなり、思うように成績が上がらないと「ここまでやっているのに!!」と、その矛先が子どもに向かってしまいます。**

今は共働き家庭も多く、やってあげたいと思うサポートが存分にできる方はほとんどいません。親にできるのは、テストで平均点を超えるまで勉強に付き合うことではなく、限られたリソースの中で、自分に余裕を残しつつできるところまで、です。

POINT

最も大切なサポートは、
子どもが元気な顔で日常生活を送れること。

パパとママが自分の受験のことでケンカする

家にいるとき、勉強やテストの結果についていろいろ言われるのもつらいけれど、自分の中学受験をめぐってパパとママがケンカしているときが一番つらいよね……。

「ここまで無理やりやらせる必要あるのか⁉」

との意見に「そうそう‼」と思いつつ、

「じゃあ、あの子が行きたいと言っている学校に落ちてもいいのっ‼」

と言われると「それはイヤだ」と思う……。

私は保護者向けに、中学受験についていろいろ話す機会があるんだけど、

「夫婦で中学受験に対する意見は一致していますか？」

と聞くと、会場の半分以上の人が下を向いたり、苦笑いしたり。そう、パパとママ

主役がまずは伝えてみよう

の方針が違うって、全然めずらしくないんだよね。

パパもママも違う人生を歩んできている。だから、考えが違う部分があって当然なんだよね。

だからこそ、中学受験は家族でチームを作ることが大切なの。

そのためには、きみが「どんな中学受験にしたいか」を真剣に考える必要がある。だって、チームの主役はきみだからね。

志望校合格のために一直線でがんばりたいのか。

行きたい学校はあるけれど、勉強一色の

生活はキツいなぁと思っているのか。
本当はそこまで中学受験をしたいとは思っていないのか。

自分が本当はどう思っているのかを探るのはなかなか大変だし、本当の気持ちに気づいても、それを両親に話しちゃっていいのかな……と不安になるよね。

でも、主役はきみ。

きみの考えや気持ちによって、家族のサポート方法も変わってくるよ。もし口で伝えにくかったら、236ページのように手紙に書いて渡そう。中学受験に限らず「僕（私）のことでケンカしないで」でもいい。きみの気持ちを言葉で伝えていくことは、とても大切です。がんばれ！

中学受験の主役はきみ、家族はチーム。
そのためには、きみ自身が
「どういう中学受験にしたいか」を伝えることが大切。

夫婦で受験方針が違う親御さんへ

親のバックボーンや中学受験に対する思惑はさまざまです。

自身が中学受験をし、進学した中学・高校がとても楽しかった。そのおかげで今があると思っている方。

公立王国の地方出身で、公立進学校から難関大学へ。小学生の間は遊べばいい、勉強は強制してやらせるものではないと考えている方。

自分は勉強が嫌いで大学受験に積極的ではなく、社会に出てからも苦労した。だから、子どもには中学受験をして自分とは違う人生を歩んでほしいと思う方、など。

しかし、これらの考えはあくまで自分の経験則だけでしかありません。だから「自分はこうだった、だからこう思う」とそれぞれが意見を述べても、平行線のままとなります。

また、時代も違えば、住んでいる地域も異なります。中学受験についてお互いの先入観を捨て、昨今の中学受験事情についてフラットに情報収集して初めて、夫婦で議論が始まります。

今は本やＷＥＢでさまざまな情報が出ています。ＳＮＳの個人発信ではなく、身元のしっかりとした（本名を公開しているか否かは１つの判断基準）客観的な情報を元に、中学受験の良い面も悪い面も含めて、客観的に知ることが大切です。

家庭内で方向性が異なるまま「とりあえず塾に入れて、後々考えよう」となると、最初は小さなひずみも時間とともに大きくなります。特に6年秋以降は本当にキツくなってくるのです。

夫婦の方向性が異なる状況下での中学受験で、最大の被害者は子どもです。子どもは両親のどちらにも嫌われたくなくて、常に両親に忖度(そんたく)して過ごすことになります。

ただでさえ負担の大きな中学受験に挑んでいる中、親がさらなる負担をかけるのは不毛でしかないですよね。

まだ家庭内で方向性が一致していないならば、まず子ども自身がどうしたいと思っているのかを知った上で、お互いのプライドは捨てて「わが子のために」改めて話し合う機会を設けませんか？　その上で中学受験を選択したならば、ぜひ夫婦で役割分担を決めてください。子どもはパパにもママにも応援してほしいのです！

勉強に付き合う、塾の送迎、体調管理、学習環境整備――でも何より大切なサポートは237ページでもお伝えしたように「子どもが笑顔でいるために何ができるか」。お互いの得意を活かしてできることはたくさんあります。

中学受験は個人プレイではなく、家族のチームプレイ。つらいことも嬉しいことも、家族で経験するからこそ、入試が終わって中学受験期間を振り返ったときに「やってよかった」と思えるのではないでしょうか。

自分の経験則で語らず、フラットな情報収集を。
サポートはパパとママで役割分担しよう。
家族はチーム！

親子関係が〝最悪〟です

ママのこと、好き？　パパのこと、好き？

——ごめんね、答えにくいこと聞いちゃって。


心の底では好きなのはわかっている。でも、中学受験をすることになってから、ママとパパ、ちょっと人が変わっちゃったな……と思うとき、ないかな？

もし中学受験がなければ、きっともっとママもパパも優しくて、いろいろ遊びに連れて行ってくれて、ご飯だって一緒にゆっくり食べられて……。

うん、きっとそうなんだと思う。それが本当のママとパパなんだよね。

でも今は、

「勉強終わったの？」

「何なのこの点数！」

「もっとキレイな字で書きなさい」

「いつまでダラダラやってるの」

「誰のための受験だと思ってるの！」


それもすごい剣幕で、ときにはため息と共に、あるいは他の子と比較したりしながら言われるんじゃないかな？

〝中学受験〟は、人のいろいろな面を引き出します。きっときみもそうじゃないかな。学校ではテストで簡単に100点が取れたのに、塾に行くと取れない。勉強が好きだったのに、何だかつらくなってきた。今まで知らなかったさまざまな感情におそわれる。

受験のものさし、たまには忘れて

でも、きみ自身は何も変わっていない。

きみが生まれたとき、ご両親は本当に喜びました。その気持ちは絶対に変わっていないよ。

だから、「もう限界」「私（僕）だってこんなにがんばっている」「今のママ（パパ）は好きじゃない」など、思っていることを素直に言葉で伝えてみよう。繰り返しになるけれど、言いにくければ手紙を書こう。書いていて、よけいにつらくなるかもしれない。でも、勇気を出して！

この世で一番きみのことを考えているのは、間違いなくご両親です。

きみの心からの言葉を、ちゃんと受け止めてくれるはずだよ。

きみの気持ちを言葉で伝えてごらん？
きみの大好きなママとパパが戻ってくるはず。

親子関係が〝最悪〟な親御さんへ

このページを真っ先に開かれていたら……お気持ち、お察しします。

そしてきっと、お子さんも同じように、前のページを開いています。

多くのご家庭に指導で入らせていただく中で、中学受験は「悪いところばかり目につく」「自分の知らない自分が出てくる」ように親を仕向けがちであると感じています。

中学受験が人生の一過程でしかないとも、人生が決まるわけでもないとわかっており、極端な事例をみて「ああはならないでおこう」と思っていても、です。

なぜなら、**一歩足を踏み入れると、そこは数字の嵐だからです。テスト、偏差値、クラス、志望校判定――子どもは常に〝数字〟で評価されます。すると親も子ども本人の顔や心ではなく、数字でわが子を見るようになってしまうのです。**

秋に実施されたオンライン座談会に「娘（6年生）との関係が最悪」と悩まれているお母様がご参加くださいました。勉強、生活態度などすべてが気になる親と、親の言動すべてに激しく反発する子ども。日頃から会話が成立しない様子に「今週末、あえてお子さんと一緒にお料理されてはいかがですか?」と提案しました。最初は『は⁉ 過去問もたまっているのに……』と難色を示されましたが、このままでは良くないと思い、久しぶりに一緒に料理をされたそうです。

すると、普段憎まれ口ばかりの子どもがいそいそと盛り付けを手伝ったり、笑顔を見せてくれたり、何より親子で久しぶりに会話が弾んだとご連絡くださいました。その後、お子さんはスッキリした様子で自ら勉強に向かったそうです。

中学受験ごときで親子関係を壊されないために、打てる手はとてもシンプルです。親子で中学受験から離れる時間を作る——これに尽きます。

数時間・数日程度、勉強から離れても合否には影響しませんし、中学受験をやめてもお子さんはちゃんと成長していきます。

中学受験は子どもを数字で評価する世界。
その中学受験から離れる時間を作れるか否かで、
親子関係は変わってくる。

だけどぼくらはすごい

①
週イチでくじけるし
前はできたのに
もう無理

②
月イチであきらめてる
集中力って
地球上にある？

③
だけどぼくらがすごいのは
あ！
そっちも

④
つまずかないことじゃなくて

⑤
何度だって
今日も
やるか!!
結び直してきたことなんだ

おわりに

この本を読んでくれてありがとう。

きみにバトンを渡せたことを嬉しく思います。


ここに書いたことは、実際に私が教え子たちと経験してきたことばかりです。一緒に泣いたことも、嬉しくてハイタッチしたことも、超ド級の雷を落としたことも、ショックを受けたことも、本当にいろいろありました。そんなあれこれを、中学生、高校生、大学生、社会人、親になった教え子たちと、

「あのとき、ほんとは〇〇だったんだ」

「先生が△△って言ったの、めちゃ覚えてる」

と一緒に語り合う機会もたくさんあります。

そして、何人もがこう言ってくれました。

「同じような子がいたら、この経験を伝えてくれたら嬉しいです」と。


この本は、彼らの経験や思いを私が代弁したものです。

ようやく、彼らとの約束を果たせました。


中学受験は、嬉しいことも、つらいことも、大変なことも、本当にたくさんある。現実から目をそむけたくなることも、逃げ出したくなることもある。でも、元受験生たちはみんな、それらを経て中学生になり、きみにバトンを渡しました。


さぁ、次はきみの番です。

どんな経験も、かならずきみの糧（かて）となる。そして、その経験を力にして前に進み、あとに続く小学生たちにも手渡してほしいと思います。

その機会は、これからたくさん訪れます。

中学受験生の親御さんへ

中学受験に関する本はたくさん出ています。もし、この本を「きょうこ先生と一緒に、子どもをうまく丸めこんで、親の思うように動かそう」と期待されて手に取られたならば、ガッカリされたかもしれません。

私も「算数の解き方」「ノート術」「スケジュール術」「過去問の取り組み方」といった現世利益のある内容をお伝えすることが多くあります。でも、それらはあくまでテクニックの理想論であって、実際に手を動かすのは、行動するのは、子ども本人です。

数学者のユークリッドは「学問に王道なし」と言いました。「学問をするのに安易な方法はない。誰しもが等しく経なければならない過程がある」と。

これは私も常日頃、そしてこの本の中でもお伝えしていることです。「勉強に近道はない」「魔法の杖はない」「塾や学校は理想通りにわが子を染め上げてくれる箱ではない」などなど。

ただし、1つだけ王道があります。

それは本文でもお伝えした「わが子をよく見ること」。

偏差値やクラスで評価しない、日頃から表情をよく見る――この当たり前のことが、中学受験になるとどれほど難しいかということもわかっています。

でも、この本がきっかけで、中学受験で生じがちな「負の連鎖」ではなく、次世代につながる「素敵な連鎖」が生まれたら、これほど嬉しいことはありません。お子さんが「あのとき、親にされたことが嬉しかった」といろいろな人につなぎたくなる――そんな素敵な連鎖が、中学受験だからこそ生まれることを願っています。

最後になりましたが、『中学受験にチャレンジするきみへ』に続き、メッセージ本を企画・担当してくださいました大和書房の藤沢さん、素敵なイラストと胸をうつ漫画を描いてくださいました梶谷さん、親しみやすい装丁にしてくださいました古屋さんに心より感謝申し上げます。そして、バトンをつないでくれた元中学受験生のみんな、ほんとにありがとね!!

安浪京子

安浪京子
やすなみ・きょうこ

算数教育家、中学受験専門カウンセラー、株式会社アートオブエデュケーション代表取締役。神戸大学発達科学部にて教育を学ぶ。関西、関東の中学受験専門大手進学塾で算数講師を担当。生徒アンケートでは100％の支持率を誇る。プロ家庭教師歴20年超。中学受験算数プロ家庭教師としてきめ細かい指導とメンタルフォローをモットーに毎年多数の合格者を輩出。特に家庭で算数力をつける独自メソッドは多くの親子から支持を得ている。「きょうこ先生」として、受験算数動画の再生回数は400万回以上。朝日小学生新聞、日本経済新聞、AERA with Kidsなどの各種媒体（紙面／誌面／メルマガ／ YouTube ／インスタ等）でさまざまな悩みに答えている。音声配信サービスVoicy「きょうこ先生の『教育何でも相談室』」も話題に。著書『最強の中学受験』『中学受験にチャレンジするきみへ』（大和書房）、最新刊『中学受験となりにカテキョつきっきり算数入門編①数・割合・速さ』（共著／実務教育出版）など多数。

「中学受験カフェ」

中学受験に関する様々な悩みや勉強法などを、地域・塾・志望校を超えて、みんなで共有するサイトです。入試激励会もあります。毎月、大人気のオンライン相談会では、安浪をはじめとする様々な先生が、みなさまの悩みに回答しています。「保護者向け」は有料会員向けとなりますが、「子ども向け」は誰でも参加できるので、ぜひ気軽に参加して下さい。受験生同士でもチャットでやりとりできます。

▶ https://juken-chugaku.com/

Voicy「きょうこ先生の『教育何でも相談室』」

平日13時から、みなさまの様々な悩みにざっくばらんにお答えしています。中学受験に限らず、ママ友、PTA、読書談義などの話題に、リスナーの方からもたくさんアドバイスやコメントを頂いています。

▶ https://voicy.jp/channel/2865

勉強（べんきょう）とメンタルの悩（なや）みを解決（かいけつ）！

【決定版（けっていばん）】

中学受験（ちゅうがくじゅけん）をするきみへ

2024年4月1日　第一刷発行

著者 ● 安浪京子（やすなみきょうこ）

発行者 ● 佐藤靖

発行所 ● 大和書房（だいわ）

東京都文京区関口1-33-4

電話　03（3203）4511

デザイン ● 古屋郁美

イラスト ● 梶谷牧子（ネマキ）

編集 ● 藤沢陽子（大和書房）

DTP ● マーリンクレイン

本文印刷 ● 光邦

カバー印刷 ● 歩プロセス

製本 ● 小泉製本

ISBN 978-4-479-39426-6

乱丁本、落丁本はお取り替えいたします。

https://www.daiwashobo.co.jp